W0234040

Jiří Gruša
Gebrauchsanweisung für Tschechien und Prag

Jiří Gruša

Gebrauchsanweisung
für Tschechien und Prag

Piper München Zürich

ISBN 3-492-27526-5
Überarbeitete Neuausgabe 2003
© Piper Verlag GmbH, München 1999
Gesamtherstellung: Clausen & Bosse, Leck
Printed in Germany

www.piper.de

Inhalt

Tschechy –
Eine Landschaft wie ein Stilleben

Wenn Luciano Pavarotti losschmettert, um unter den Dächern von Paris die schwindsüchtige Mimi zu beweinen, denkt niemand an die Tschechen, obwohl *La Bohème*, das Sinnbild des lässig-lustigen Lebens, manchem Prager noch heute schmeicheln würde. Es hält sich hier hartnäckig eine alte Vorstellung vom Wesen der Tschechen als den vor allem pfiffigen, mit allerlei Liebenswürdigkeit gesegneten Lebenskünstlern – nur der Rest der Welt pflegt ihnen gegenüber mit gebührenden Streicheleinheiten zu geizen.

Schon der Urvater der Tschechen muß ähnlich empfunden haben, als er der Sage nach mit Kind und Kegel in das Land zog. »Milch und Honig in Überfluß«, meldete er alttestamentarisch von einem Hügel herab. Und gleich Moses oder Joschua geblendet vor Freude, endlich fündig geworden zu sein, fragte er nicht, ob Perser, ob Ägypter oder andere Völker allzu nahe logierten.

Sein gelobtes Land, jenes magische Viereck aus Gebirgen, das heutzutage Abend für Abend auf dem Bildschirm der Nachrichten die Wetterkarte ziert, war wirklich schön. Und ziemlich leer. Die Markomannen, die sich hier kurz vorher die Landschaft angeschaut hatten, waren schon zu helleren Hainen aufgebrochen. Es war verlockend zu bleiben – an einem so ruhigen Ort. Eine geschichtliche Marktlücke bot sich an. Arglos besetzte sie der Ahnherr und saß in der Falle. Er war hereingefallen auf jene berühmte List der Geschichte, laut der alles Gute für etwas schlecht ist. Jedenfalls entpuppte sich die Idylle als das Durchhaus Europas.

Der Häuptling jedoch, umzingelt von böhmischen Bergen, wähnte sich sicher und verbreitete Freude. Am heiligen Berg des heiligen Anfangs ziemt es sich so. »Ein Augenparadies« erstreckte sich vor ihm und den Seinen. »Gewässer donnern in den Auen, auf den Felsen summt der Tann.«

So muß er das empfunden haben! So muß es gewesen sein! Und so verkündet es bis heute unsere Hymne als Antwort auf eine seltsame Frage. »Wo liegt meine Heimat?« so ruft der Dichter und liefert eine üppige Beschreibung des Paradiesischen. Als wollte er sich endgültig versichern, nichts anderes suchen zu müssen. Der Text ist im Biedermeier verfaßt worden, in der Zeit der Nationen und ihrer Rangordnungskämpfe. Da war die Tücke der Vorzeit nicht zu übersehen.

Wie Kolumbus, der einst Indien erreicht zu haben glaubte und Amerika entdeckte, stieß unser Häuptling, der Čech heißen soll, auf Bohemia. Irgendwann um 550 n. Chr. meinte er – unserer Sage nach – der erste und einzige zu sein. Darum sollten wir Tschechen heißen, und das Land fortan Tschechien. Hätte er lesen können, hätte er vielleicht nachgeblättert, daß er sich in Bohemia befindet. Und Bohemia »Heim der Bojer« bedeutet und daß diese Bojer lange vor ihm dort herumtobten. Er war jedoch ein Patriarch. Dachte nur an sich und die Zukunft.

Es hat auch Jahrhunderte gedauert, bevor wir etwas Vortschechisches zugegeben haben, ungeachtet der Tatsache, daß die Bojer 306 n. Chr. Rom miterobert hatten und Italien plagten, ja für lange Zeit dessen oberen Teil eingenommen hatten. Und dieses Bohemia ist ein doppelt listiges Wort. Es weist ebenfalls auf die Germanen hin. Auf die Herulen, Quaden, Langobarden oder Markomannen, die das Land den keltischen Boii zugeschrieben haben, aber nur darum, es ihnen – typisch europäisch – nehmen zu können. Um dann unter König Maroboud, dem ersten historischen Ahnherr der Gegend, die Römer zu malträtieren, so daß diese sich den Namen des Landes merkten und das Wort Bohemia als keltogermanolateinisches Konglomerat perfekt wurde.

In der ersten Chronik unseres ersten europäischen Weltmannes Cosmas, um 1200 n. Chr., natürlich in der *lingua franca* von damals – nämlich Latein – geschrieben, nennt sich der Moses der Tschechen »Bohemus«, und seine Begleitung sagte zu ihm wörtlich: »Da du dich Bohemus nennst, laßt uns das Land Bohemia nennen.« Also mit einem Begriff, den wir bis heute im Tschechischen nicht kennen.

Bohemia und Bavaria. Boiohaemi und Bojuvari. Einige denken an Restgermanen, die über unsere Ankunft entsetzt das Boiohaemum fluchtartig verließen und ihr Bayern entdeckten, ein großzügiger gestaltetes Land als unsere Czechia. Wenn man nicht allzu patriotisch nach dem Ursprung unseres Namens forscht, kann man nur schwer an einem keltischen »cac« oder »cec« vorbei, das ein bräunlich gefärbtes Sumpfgebiet bezeichnet. Wahrlich keine seltene Wortwurzel im breiteren Europa. Ein Kecken hat mich schon in meinen rheinischen Zeiten beeindruckt. Ein Checkendon schmückt auch England. Und eine Ceccina fließt in Italien. Dort wo die Boii bereits 306 n. Chr. die Römer malträtierten und sich eine Zeit lang niederließen, bis man sie wieder – typisch europäisch – vertrieben hat. Und es gibt zahlreiche tschechische, ungarische, slowakische etc. »cec«-Varianten als Toponyma. Unsere Ideallandschaft war also kein unbekanntes oder unbenanntes Land, wie sie die Hymne schildert. Höchstens ohne Oberschicht und fähige Fürsten. Ein wenig entvölkert im Zuge der Völkerwanderung, jener Ära der Raubzüge, in die auch unser geschichtliches Auftauchen gehört.

Vielleicht schickte unser Ahnherr wirklich Kundschafter los, als er auf dem Říp stand. Vielleicht befal er: »Fragt mal die Wilden da unten nach Milch und Honig, das Land sieht nicht schlecht aus!« Und sie sind losmarschiert, haben lange gesucht und kehrten dann mit Fladen aus einfachem Mehl zurück. Und mit der Nachricht, die Gegend hieße nun Cecca. Tschecha! Irgendein »tsch« muß schon drin gewesen sein. Sonst hätten wir damals, wir Indoeuropäer, die »dirty connection« des Wortes nicht überhören können. Die Idealisten unter uns hatten zwar ein wenig mulmiges Gefühl und wollten weiterziehen. Die Realisten jedoch blieben und frohlockten.

Bei derart vielen Verwicklungen überrascht es eigentlich, daß der Ahnherr der Tschechen sich die Schenkung nicht per Exklusivvertrag mit dem slawischen Jupiter (alias Perun) bestätigen ließ. Daß dieser ein so schönes Land für ihn parat hatte, hielt er wohl für selbstverständlich. Wenn man sich auch nicht direkt auserwählt vorkam, als einmalig und einzigartig betrachtete man sich allemal. Und schließlich fand man es einfach normal, daß sich der liebe Gott um einen kümmert.

Einige Nörgler munkelten zwar schon damals, der Lech, Tschechs Bruder, wäre der Klügere, weil er über die Berge und hinunter in die weiten Auen (*pole*) gezogen ist, bis an den Strand der Ostsee, wo er Polen schuf. Etwas wesentlich Größeres also. Aber unsere Realisten, eine traditionelle Mehrheit, gaben die Parole aus: klein macht fein, und faßten somit den ersten und wahrscheinlich auch letzten idealistischen Beschluß ihrer Geschichte.

Wie dem auch immer gewesen sein mag, in einem hat der Patriarch anscheinend politisch weitsichtig gehandelt. Nach seinem großen Erfolg bemühte er sich um keinen noch größeren und verstarb fröhlich im Kreise seiner Cecci. Sie weinten, und dann stritten sie untereinander, wer von ihnen der echte Tscheche sei. Denn allein dem echten stünde ein größeres Stück des Landes als Erbe zu. Bis sie zu guter Letzt beschlossen, daß sie alle Tschechen seien. Von einem Fürsten angeführt, der unweit von diesem Říp residierte.

Die Wahl der mächtigen Moldau-Schleife als strategisch zentral gelegenen Ort fiel nicht schwer. Die Brache zwischen der größten Biegung, die zu Braga, dann zu Praha und Prag wurde. Wir deuten den Namen natürlich tschechisch. Entweder von »prah«, verdorren. Oder von »práh«, die Schwelle. Doch hier war statt Dürre eher Moor. Und die Schwelle Práh ist nur eine Story. Irgendein Holzfäller soll einst auf die Frage, was er da im Wald treibe, geantwortet haben, er haue eine Schwelle, den Práh. Und schon hatten wir ein tschechisches Praha. Doch dies klingt zu fabelhaft. Wahrscheinlicher – wenn auch nicht heimattreu – scheint mir ein »bruoah« zu sein. Also ein Urwort, das deutsch bis heute als »Bruch« ein Sumpfland bedeutet, das damals aus dem Munde der Vortschechen den Streifen zwischen der befestigten Ortschaft Týn (Dunum, Thein) und der Moldau exzellent beschrieben hatte. Das Pragerische an Prag bis heute. Das schon damals förmlich dazu verlockte, sich einzunisten. Rein lagemäßig – sieben Hügel und ein Fluß – hätte man hier ein neues Rom gründen können: hätte man sich nicht für die Beschaulichkeit der Verhältnisse entschieden. Noch heute ist das, wenn man den Říp besteigt, nachvollziehbar. Bei guter Sicht kann man das ganze Land überblicken. Der Anblick ist begeisternd und beklemmend zugleich.

Man sieht: die Landschaft, ein Stilleben – es wurde für überschaubare Zeiten geplant, Großräumiges (und Großzügiges) ließ man weg. Vielleicht aus diesem Grund errichteten bereits die alten Tschechen auf dem Říp nur eine winzige romanische Kapelle. Sie ist dem heiligen Georg geweiht, dem Drachentöter, der das Heidnische der Tschechenlegende bändigen sollte. »Zufälligerweise« wird der unerschrockene Ritter am 24. April gefeiert, an dem Arktur im Bootes, der sagenhafte Stern der heidnischen Slawen aus Cecca, am hellsten am nächtlichen Frühlingshimmel leuchtet.

Und dennoch, so schön und fein es sein mag, was da ein fleißiger Tschechenforscher auf dem Říp zu sehen bekommt, wie tief sich das auch in Kopf und Herz des Volkes einzuprägen vermochte, Böhmen heißt es mitnichten.

Böhmisch ist hämisch. Jedenfalls in unseren Ohren. Böhmische Dörfer heißen spanische. Den böhmischen Wind schicken wir zur Strafe nach Bayern. Man lebt behäbig miteinander, zieht die Schuhe aus, wenn man nach Hause kommt. Denn *domov* (das Heim) ist eine Art Moschee. Berge von Schuhen häufen sich vor der Haustür, hinter der gefeiert wird. Tschechischer geht es nicht. Man müßte meinen, ein neuer, schöner Name wie Tschechien, der all das Hiesige auf der Weltbühne würdigt, sollte eigentlich alle erfreuen. Von wegen! Zwischen Tschechy und Tschechien liegen Welten. Und auf jeden Fall Mähren. Morava, ein mooriges, ein weites Feld.

Ein Land mit einem gleichnamigen Fluß Morava (Marcha) und einem Volk namens Moravani. Hier herrscht also Ordnung. Wenn auch das Volk nicht mährisch, sondern tschechisch spricht. Vom Stammvater Tschech jedoch will es nichts wissen, es hat seine eigenen Ahnen, die im Ursprung wurzeln. Und diese sind keine Sagengestalten, sondern historische Figuren.

Es gab einmal ein Reich in diesem Raum, zu dem sich Tschechen, Slowaken und Polen bekennen, weil keiner von ihnen es zu halten vermochte. Und das sogar die Ungarn feiern, weil sie es auseinandergerissen haben. Während die Tschechen nur mit dem heiligen Říp prahlen, rühmt sich Mähren gleich als heiliges Land, als die erste christliche

Macht unter den Slawen. Als nämlich Perun, vergleichbar mit dem neuen Gott der Franken, nicht schlagkräftig genug blitzte, hielten die Mähren Ausschau nach einem stärkeren. Natürlich nicht im fränkischen Lager. In Konstantinopel, dem mittlerweile christlichen Byzanz, versprach man ihnen den gewünschten Gott, der darüber hinaus des Slawischen mächtig war. Zwei kluge Griechen, Method und Kyrill, brachten ihn in das Mährische samt einem neuen Alphabet. Eine folgenreiche Tat, wie sich zeigen sollte.

Der alphabetische Gott benahm sich seltsam. Dafür, daß er die Mähren verstand, verlangte er von ihnen Gehör. Ja, schlimmer noch, was ihm versprochen wurde, war ihm verschrieben. Das übliche Aus- und Überreden – wie bei den heimischen Göttern – fand nicht mehr statt. Bald waren Method und Kyrill mit ihrem Kyrillisch am Ende. Der erste tot, der andere sprach abwechselnd bei den Tschechen, Deutschen und Römern vor, immer mit einer berechtigten Beschwerde. Angeblich fluchte er dabei. Jedenfalls schrieben einige böse Chronistenzungen das Desaster des Reiches seinem Umgang mit den beiden Propheten zu. Es unterlag den Magyaren. Die Tschechen ließen sich sicherheitshalber noch eine fränkische Mission gefallen, um sich kurz darauf in christlicher Verwandtschaft ganz Mähren einzuverleiben.

Das Mährenreich verwandelte sich allmählich in ein Märchenreich. Je mehr Zeit aber verfloß, je mehr Vergangenheit man brauchte, um die Zukunft der Nationen zu konstruieren, desto strahlender erstanden in der Erinnerung die alten Glaubensboten und Stammesfürsten wieder. Je unscheinbarer oder undurchschaubarer die Gegenwart, um so begeisterter der Rückblick, um so weiter blähten sich die Nüstern der Heimatdichter.

Jeder muß wahrscheinlich durch diese Schleuse der Sinnstiftung. Unlängst wurde in der Slowakei die Frage gestellt, ob sich »das Großmährische Reich« nicht »Großslowakisch« nennen sollte?

Nun, warum eigentlich nicht? Dadurch wird Mähren nicht weniger schön, seine Geschichte um keinen Tag kürzer. Und Tschechien? Tschechien bleibt wie gehabt – genauso groß oder klein.

Denn Tschechien ist ohne das mährische Selbstbewußtsein kaum zu denken.

Ich höre natürlich den Einwand: Wozu das ganze Hin und Her? Sag es endlich, dein Tschechien ist doch Böhmen und Mähren! Ich gebe es zu. Ein bißchen, gewiß! Und dennoch, mein mutiger Tschechenforscher, falls du etwas über das Land der Tschechen wissen möchtest, fahre nach Tschechien, suche kein Wintermärchen, keine Shakespearesche Insel mit Kaliban, Ariel und den anderen Traumfiguren, suche nicht nach Felsen und Ufern in der Brandung des Meeres. Es lebt dort keiner der lustigen Leute, die ich mag und zu denen ich dich führe.

Das Lob der Vorurteile

Natürlich mag ich sie, die Tschechen Tschechiens, weil sie sich selbst so mögen. Das tut doch jedes Volk, je größer, desto lieber. Aber meine Tschechen, obwohl nur mittelgroß, mögen sich keinesfalls nur mittelmäßig. Es gibt nützliche Vorurteile oder, besser gesagt: Es gibt einen mit Vorurteilen verbundenen Nutzen. In einer räumlichen Lage, wie der eben beschriebenen, sind geschichtliche Pannen an der Tagesordnung. Man braucht also eine ordentliche Portion Heiterkeit, um sie zu vergessen oder anders auszulegen. Schon das tschechische Wort für Geschichte hat seine eigene Philosophie, *dějiny* meint Geschehenes. Das Kommentieren wird indirekt, aber unübersehbar, jemandem überlassen, dem nichts mehr geschieht oder nie viel geschah. Aus dieser Position kann man den berühmten »Sinn der Geschichte« besser erfassen. Man wird von keinem prophetischen Soll gejagt. Das Geschehene zielt auf niemanden konkret, ungeachtet dessen landet es jedoch bei dem Betrachter, der sich seiner annimmt.

So ist der heutige Durchschnittstscheche ein nörgelnder Optimist. Die Zustände sind zwar schlecht (und dies, bitte, seit den Říp-Zeiten), er selbst aber ist gut – oder besser als diese. Ich möchte das nicht als Mangel an Selbstkritik deuten. Eher als eine Blüte der Selbsterhaltung. In seinem Verlauf türmt das Geschehen lauter Klippen auf. Um sie zu umschiffen, leistet man sich immer nur einen Odysseus, ansonsten viel Wachs für die Ohren der Besatzung.

Kritische Köpfe für kritische Zeiten, Masaryk etwa oder Havel, aber zu ihnen bekennen tun wir uns meistens erst hinter der Meerenge. Dann wird der nörgelnde Optimist zum Enthusiasten. Nach einer Weile kehrt er wieder zu seiner selbsttragenden Ruhe zurück und erklärt die Odyssee: »Eigentlich war's nicht so schlecht. Es hat zwar weh getan, aber das stecke ich weg. Und als es ums Ganze ging, hatte ich wie üblich die Ohren zu.«

Der Tscheche versteht sich mithin als Praktiker, ist Tüftler und Bastler, kommt aus einfachem Haus, da muß man zupacken können. Selbst als Hausherr fühlt er sich mehr als Häusler. Mit dem Herrschaftlichen hat er nichts am Hut. Er liebt das Duzen, ist Kája, Franta und Jarda, statt Karl, Franz und Jaroslav. Adel reimt er auf Tadel und Gott auf Spott. Nicht, daß er an keinen glauben würde, er bezweifelt nur dessen Omnipräsenz. Und bestimmte Röcke sind ihm suspekt. Bescheidenerweise hält er sich für schlauer als die anderen. Sieht er doch die Sache komplexer! Und immer nur so, wie sie ist: nämlich demontierbar.

Er ist Realist (ein ziemlich surrealistischer), hält die Welt für einen Ort des bloßen Daseins. Selbst wenn er sich für das reine Sein begeistert (und das tut er), schaut er sich mißtrauisch um, ob sich ein kleines Da nicht doch beschaffen läßt. Das ärgert manche – vor allem Tschechen. So viel Selbstsicherheit ist ja auch schwer zu ertragen. Aber es hat Ergebnisse.

Was wiederum seine Neider dazu verleitete, diese zu schmälern, indem sie Eigenschaften und Ergebnisse auf einen gemeinsamen Nenner brachten. Ich habe jahrelang nach den uns am häufigsten zugeschriebenen Negativa geforscht und folgende gefunden: schlitzohrig, kriecherisch, geschwätzig, umtriebig und klein.

Wenn mich jemand tröstlicher behandeln wollte, könnte er statt dessen Worte wie intelligent, wendig, eloquent, beflissen und bemessen benutzen. Die Beschreibung änderte sich dadurch im Kern kaum.

Um das Thema aufzulockern, halte ich gerne die tschechischen Parteilichkeiten dagegen. Der Deutsche wird bei uns am häufigsten als hochnäsig, tiefgründig, fleißig und stur charakterisiert. Man hat eben immer eine Retourkutsche parat. Und lassen Sie sich nicht irreführen, wenn man es gefälliger formulieren oder umschreiben will, indem man stolz, philosophisch, leistungsfähig und zielbewußt sagt.

Vorurteile sind Urteile der Vorfahren über die Mängel historischer Rivalen, für die Nachkommenschaft bestimmt, um das Wirgefühl der Gruppe mit bewährten Klischees zu stützen. Das Problem der Vorurteile liegt darin, daß sie die Vorzüge des jeweiligen Gegenübers nicht erwägen.

Das interessanteste an Vorurteilen ist nicht ihre Schäbigkeit, sondern die Tatsache ihrer Nützlichkeit. Wären sie nicht für eine Kollektivseele zu gebrauchen, sie wären längst überholt.

Es ist demnach nicht verwunderlich, daß sie auch dann noch wirken, wenn sie ins Positive gezogen werden. Die ihnen innewohnende Distanzbildung, ihre eigentliche Aufgabe, wird dadurch nicht gemindert, nur anders kostümiert. Man muß schon von der Bühne runter, auf der unsere Heimatstücke gespielt werden, den Sprung über den Orchestergraben in den Zuschauerraum, unter die Leute, wagen. Von hier aus sehen solche Vorstellungen ganz anders aus, im Theatercafé läßt sich darüber plaudern.

Und lachen.

Schwejk

Faßt man die Vorurteile zusammen, so sieht der Tscheche den Deutschen als Denker des Absoluten, der am Relativen scheitert, und der Deutsche den Tschechen als Relativisten, dem zum Schluß die Sache selbst zwischen den Fingern zerrinnt. Schwejk gegen Faust? Letztendlich schreibt hier jede Seite der anderen eine Art Scheitern zu. Eingedenk des vorher Gesagten, möchte ich mich hauptsächlich mit dem ersten Prager beschäftigen.

Wie? Sie haben nicht gewußt, daß der ehrgeizige Doktor, der alles wissen wollte, ursprünglich Šťastný (Glücklich) hieß? Seinen Namen in Faustus latinisierte? Daß er in Prag wohnte – jedenfalls hat er hier ein Faust-Haus – und erst von uns aus in die Welt zog? Einige Eiferer bei uns wollten ihn so haben, besonders seit er durch Goethe veredelt und berühmt wurde. Es gab nämlich auch tschechische Muster und Varianten der Legende. Puppentheater- und Bänkelsängertexte, die noch heute durch ihr Volkstschechisch bezaubern, nicht unähnlich den deutschen Fassungen. Und ganz bestimmt war dieser tschechische Faust, falls er wirklich existierte, ein Lebenskünstler, ein Proto-Schwejk.

Als Eskamoteur, Glücksritter und Taschendieb hielt er sich über Wasser. In der Entstehungszeit der Sage, war die Stadt voll von solchen Typen. Vielleicht hat er nicht einmal mit dem Teufel paktiert, sondern nur landesüblich die Allgegenwart Gottes auf die leichte Schulter genommen. Damit würde er sich heimischer fühlen. Aber macht ihn das interessant für eine Beschlagnahme? Es versucht sie niemand mehr. Wir haben genug Schwierigkeiten mit unserem Josef Švejk.

Diese tschechische Figur *par excellence*, dieser Don Quichote der Tschechen, erfreut zwar ihr Herz, nicht aber den Kopf. Der Name, der so oft mit unsereinem gleichgesetzt wird, ist kein tschechischer. Švejk ist nur eine Verballhornung von Schwaig, einem Ort in Bayern. Schwejk war also ein Wanderbursche, der bei uns Fuß faßte und aus irgendeinem Grund blieb. Glücklicherweise habe ich nicht gehört, daß die Bayern auf ihr Heimatrecht gepocht hätten. Schwejk bleibt also unser. Das ist gut so, obwohl er es uns nicht leicht machte. Jedenfalls hätten wir ihn beinahe erschossen:

»Allen Angehörigen der tschechoslowakischen Revolutionsarmee wird strengstens befohlen, den Betreffenden wo und wann auch immer festzunehmen und unter scharfer Bewachung zum Feldgericht zu bringen.« Diesen Befehl erhielt 1919 die Tschechoslowakische Legion, eine Freiwilligenarmee, auf die sich lange Zeit eine ähnlich drohende Anordnung der österreichischen Kommandozentrale bezog. Alle Soldaten dieser ziemlich effizienten Streitmacht waren in den Augen Wiens Deserteure. Auch ein Jaroslav Hašek, der unbeliebte Witzbold der Prager Bohème und spätere Verfasser der *Abenteuer des braven Soldaten Schwejk*.

Zigtausende hatten dem Kaiser den Rücken gekehrt. Irgendwann mitten im Krieg waren sie meistens an der russischen Grenze in Galizien oder kurz dahinter gefangengenommen worden, geflohen oder übergelaufen. Viele meldeten sich zur patriotischen Fahne – und fanden sich zuerst unter dem Zaren, dann unter den Bürgerlichen und letzten Endes unter der bolschewistischen Revolution wieder.

Als die Häscher ausgezogen waren, Hašek zu fassen, gehörte er wahrscheinlich zu denen, die nach einem bereits beendeten Krieg nicht mehr bereit waren, noch einen weiteren zu führen. Nicht einmal für die heilige Sache der Tschechen. Also gab er an, für eine andere zu schwärmen. In Rußland wurde an vielen Altären geopfert. Besonders in das künftige Paradies der Proletarier konnte man vieles hineindenken. Ich verdächtige Hašek aber nicht, daß er sich auf diesem Feld wirklich hervortun wollte. Das Feld war einfach frei. Wer mag es schon, rechtzeitig zur eigenen Hinrichtung zu erscheinen? Als stünde alles wieder im Zeichen der Don Quichotiade, wie im September 1915, als Hašek sich unter den Windmühlen bei Rovno ähnlich zaudernd entschloß und bei den Russen landete. Hinter den Sümpfen der Ikwa, und eben einem Windmühlenhügel, blieb damals halb zerschlagen, halb auf der Flucht seine 11. Kompanie zurück, die durch ihn wiederauferstehen sollte.

Vielleicht hegte er die Absicht, auch seine Erfahrung mit der Legion, den Bolschewiki und überhaupt mit Rußland in den Roman einzubauen. Tatsache ist, daß er starb, als die Geschicke des braven Soldaten wieder Rovno berührt hatten. Als wäre er hier, bei seinem letzten kakanischen Scharmützel doch noch gefallen. Jedenfalls waren es tschechische Soldaten, die den Krieg in der k.u.k. Uniform beendet hatten und die Hašeks erste begeisterte Leserschaft bildeten.

Als die Legionäre ihn durch das Gebiet von Omsk jagten, hatte er nicht nur diesen »Verrat« hinter sich. In der langen Reihe verschiedener Frontwechsel war dies derjenige, an dessen Anfang er sich in einen Trottel verwandeln mußte – »den Sohn eines deutschen Kolonisten aus Turkestan, der von Geburt an stumm ist und ein Kretin« –, um seinen Tschechen zu entkommen.

In der Verwandlung war er geübt.

Wie so viele Literaten jener Zeit, kommt auch er vom Land. Das tschechische Schreiben ist nicht im Schloß, sondern im Dorf zu Hause. Mit einer stark-schwachen Mutter, eben *Maminka*, wie es sich für das Ländliche gehört, ist der Student sehr wenig widerstandsfähig gegen die erotische Schwüle Prags. Es kommen nicht nur junge Literaten hierher, auch junge Frauen – im Zuge des Aufschwungs. Natürlich schrieb Hašek keinen Brief an den Vater, höchstens an Maminka. (»Das Geld ist wieder alle.«) Der Vater, der sich wohl am ehesten zu Tode gesoffen hat, aber genau weiß man das nicht, war blaß. Dafür war die Maminka gefühlvoll und willfährig. Sie vergab, wenn bei ihr geruht wurde, fast alles. Hätte er kein wirkliches Talent gehabt, so hätte er mit diesem Hintergrund die Laufbahn eines Welterklärers oder Massenführers einschlagen können. Schickelgruber, der sich später Hitler nannte, war sein Landsmann und Jahrgang, und ähnlich Mutti-bezogen. So aber wird Hašek Anarchist. Als er doch seine eigene politische Partei gründet, die des »mäßigen Fortschritts im Rahmen des Gesetzes«, bekommt sie bei den Wahlen drei Stimmen, eine davon seine eigene. Bewegung ist bei ihm kein Kollektiv-, sondern nur ein Bummelbegriff. Uniformen oder Trachten mag er nicht. Er akzeptiert sie nur als Karnevalskostüm. Nach der Feier werden sie abgelegt.

Angetan mit einem Frack, ist er an seiner Hochzeit aufrichtig davon überzeugt, sich gebessert zu haben. Denn er heiratet eine schöne Tochter aus reichem Hause. Bald aber hinterläßt er ihr einen Sohn zusammen mit den Hunden des Geschäfts, in das sie investiert hat und mit dem er Bankrott macht. Jawohl, in den Tricks Švejks mit seinen Tieren steckt Erfahrung. Hundehändler, Strolch, Bettler, Trinker und Poet.

Auch Betrüger und Dieb, dann gemäßigter Sozialist, Boulevard-Humorist, Autor von Kalendergeschichten. Er betreibt wissenschaftliche Mystifikationen, publiziert seine »Funde«, polemisiert über »prähistorische Maulwürfe« und »intelligente Laubfrösche«, verreißt Fachleute, wenn sie sich unbeholfen zu Wort melden, wird Bigamist, heiratet in Rußland noch einmal und bringt die Frau mit nach Hause. Wird Sträfling und Richter. Im russischen Bugulma der rote Kommissar.

Er verwaltet ein Gebiet, das aus böhmischer Sicht nach einem Fürsten verlangte. Aber er ist kein Machtmensch, kein Mörder im Sinne des »strahlenden Morgens«. Er sehnt sich zurück. Und tut alles, damit man ihn heimschickt, um den Rausch der Revolution auch unter den Tschechen zu verbreiten. Er jedoch, er hat seinen eigenen Rausch. Gleich hinter der Grenze greift er danach. Schreibt und trinkt wahllos und stiehlt unheldenhaft. Sowohl für die Rechte, wie auch für die Linke. Als man ihn dann noch politisch festnageln und einen Vers von ihm in Goldbuchstaben auf seinen Grabstein schreiben wollte: »Österreich, so reif warst du wohl nie zum Fall«, spürten die Interpreten sofort die Ungeheuerlichkeit einer so eindeutigen Aussage und ließen sie wieder tilgen. Wer konnte übersehen, daß nicht nur Österreich dahin war.

Schon seinen literarischen Konkurrenten paßte das nicht, er nahm nicht nur sich selbst nicht ernst, sondern vor allem sie nicht. Im Unterschied zu ihm lebten sie im nährenden Humus der Gemeinde, auf kleine Themen erpicht und auf leichte Symbolbildung, mit Vorliebe das ausschließend, was nicht einzuordnen war. Inmitten des Volkes, in einer intimen Beziehung zum Politischen, glaubten sie beinahe arglos an die Literatur.

Nichts für ungut, ein gewisser Franz Kafka beschrieb das so in seinen Tagebüchern. Freilich, auch der Gemeindeliterat sehnte sich nach der Weltläufigkeit, doch diese sollte für das Heimische eingesetzt werden, und eifersüchtig wachte er über seinen Status. So mußte Max Brod seine Größe erkennen, ein Auge von draußen und drinnen zugleich, ein Auge aus dem jüdischen Prag.

Schon vorher war der brave Soldat Hašek gezwungen, für lange Zeit auszunüchtern. Als Kommissar wußte er genau, in Lenins Rußland gibt es für ein Gläschen die Kugel. Oh, er war sehr abstinent. Die Augen weit geöffnet, nahm er die Arbeit der Geschichte in sich auf, wartete auf ein Wunder. Sie erinnerten sich an ihn – die Genossen in Moskau. War er nicht Schriftsteller gewesen? Nach Überprüfung, nach Zögern, bevor sie ihm seine Nüchternheit glaubten, schickten sie ihn nach Prag – die Hauptstadt der Tschechoslowakei – als Provokateur.

Hašek ahnt mit seiner russischen Optik, daß die tschechoslowakische Euphorie täuscht, daß der Fortschritt »außer jedem Rahmen und Gesetz« sich seinen Weg bahnt. Er sieht, wie der neue Mensch in Schwung kommt und wie seine Geschichte dem Leben eine besondere Nichtigkeit beimißt. Er sieht, wie jene neue Dominante Europas einer Baracke immer ähnlicher wird. Das Asyl im wirklichen Leben, bislang seine Domäne, Hašeks Diogenesfaß, ist in der neuen Wirklichkeit auf Dauer nicht möglich. Er, der Erfinder von Rezepten seltener Tinkturen, findet jetzt keine Mischung, die stark genug wäre.

Eine alte Story vom Tölpel der Kompanie wird abgestaubt und zu Tode geschrieben. Das Schreiben als *modus moriendi*. Der »Trottel« verwandelt sich in einen »Tölpel«, ebenso neu wie der »neue Mensch«. Es wird der Diener ohne Herr geschaffen, inmitten allgemeinen Dienertums irgendeiner Sache zuliebe hat der subalterne Tölpel noch die Chance einer gewissen Menschlichkeit. Der Schwejk wird zu einem Handbuch der Bewegung auf allen Appellplätzen. In diesem Roman gibt es keine häufigere Situation als das »Melde gehorsamst«. Selbst wenn der, der meldet, den Gehorsam verweigert, so meldet er doch. Alles, was er schafft, und das ist eine Kunst, ist mindestens mit einem Bein im

Lebendigen, lebendig-Lebenden zu stehen. Es hat seine Richtung und sein Gefälle ohne Rücksicht darauf, welcher Sinn ihm von wo zugeschrieben wird. Das ist die Botschaft, und hier ist der Rat, wie man darüber in stiller Selbstverblödung lachen kann – und wie man dabei nicht tötet:

> »Mag es gewesen sein, wie es will, noch nie ist es gewesen, daß es nicht irgendwie gewesen wäre.«

Schwalben und Stäbchen

Nun, mein verehrter Tschechenforscher, du wirst nicht unbedingt jedem der Nachkommen des Urvaters Tschech Freude machen, wenn du ihm ein Bekenntnis zu seiner Verwandtschaft mit dem braven Soldaten abverlangst. Er wird dir aber einen anerkennenden Blick zollen, wenn du angesichts eines »Švejk« auch den Schwejk erkennen würdest und diesen solchermaßen aussprichst. Denn just das, was dich auf allen tschechischen Inschriften an eine Ansammlung von Schwalben erinnert, die sich kurz vor dem Abflug in die wärmeren Gegenden Afrikas auf der Überlandleitung zusammengefunden haben, hat Sinn und Charme. Es sind *haatscheks*, wörtlich »Kleinhaken«, was dir da so chinesisch vorkommt. Und in der Tat, du brauchst noch Stäbchen, die *tschaarkas*, dazu, um unsere Schreibweise zu genießen.

Nur Mut! Nicht unähnlich dem ersten Besuch in einem chinesischen Restaurant, schmeckt auch hier die Küche, sobald ein Häppchen in der Zange schwebt und glücklich auf der Zunge landet. Gleich den Chinesen essen wir Tschechen direkt aus der Pfanne und in kleinen Portionen. Das Stäbchen dient uns dabei als vielseitiger Zauberstab. Mit sei-

ner Hilfe wird nicht nur emporgehoben, sondern auch um-
gerührt und kleingehalten. Denn alles, was diese Zauber-
rute nicht berührt hat, ist prinzipiell kurz und hart. Der
Kleinhaken hingegen macht seinem Namen Ehre. Wessen
immer er sich bemächtigt, er klopft es gnadenlos weich. Der
haatschek und die *tschaarka* erteilen dem Tschechen zwei
Grundbefehle seiner nicht nur sprachlichen Existenz: Sei
weich und hab' einen langen Atem.

Auf diese Art entstehen Wunder der Sparsamkeit! Ein
Kotschinchinahuhn ist tschechisch geschrieben, bloß ein
Kočinčínahún. Rein räumlich gesehen hat die deutsche Or-
thographie nicht einmal das Kotschinchina verlassen, während der Tscheche, der *Čeche*, bereits *a hún* zu rupfen hat.
Natürlich wird das Geflügel sofort zerlegt, gebraten und verspeist. Und weil das so gut schmeckt, vernimmt ein aufmerk-
samer *Čechnforšr* das *Ur-čechiše* Schnalzen und Schmatzen.

Alles, was den Gaumen kitzelt, mögen wir auch lautma-
lerisch. Die obere Wölbung der Mundhöhle ist das Nest,
aus dem unsere *Švalben* in die Lüfte steigen. Sie wird jedoch
für all jene zur Hölle, die diesen Teil des Mundes *nur* der
Feinschmeckerei vorbehalten. Wir hingegen kosten hier
unseren Sprachunterschied weidlich aus. Unsere Identität ist
so etwas wie eine ständige Vorfreude auf die noch zu erwar-
tenden Weine und Braten. Dafür haben wir im mittleren
Mund einen Klangkeller, der die *dž*, *č*, *š* und *ž* liefert. Auf
Bestellung können auch die kaum nachzuahmenden *ď*, *ť*, *ň*
kommen. *Ňam*, howgh, ich habe gesprochen. Denn mit
ebendiesem *ňam*, drücken wir den Höhepunkt des körperlichen Wohlbefindens aus, den des Mundes schlechthin.

Einem *Čechn* ist nicht beizubringen, daß in den anderen
Sprachen – er bezweifelt nicht, daß es sie gibt, er wundert
sich nur manchmal, daß sie der Verständigung dienen –

diese Gourmet-Tonleiter fehlen sollte. Und er kann sich nur schwer mit der Tatsache abfinden, daß für sein herrliches *ňam* ein einfaches »hm« angeboten wird, mit dem er bloß Bedenken und Zweifel artikuliert.

Doch habe ich dir, *majn Čechnforšr*, den kompliziertesten Laut noch vorenthalten, unser *ř*, das bereits im Namen des heiligen Hügels Říp erklang und das du gewiß falsch ausgesprochen hast. Wahrscheinlich hast du es zu irgendeinem »Riep« oder »Rschiep« verzerrt. Eine schwache Leistung. Echt *čechiš* gewagt, sollte sich deine Zunge für ein »r« bereithalten, zugleich sollten die Zähne so dicht aufeinandergepreßt werden, daß dazwischen höchstens eine Rasierklinge Platz hätte, nun solltest du mit der vibrierenden Zungenspitze so lange ein *ž* schwingen lassen, bis endlich der wunderbare Ton sich weit und breit ergießt. Da du allerdings das ž meistens ebensowenig beherrschst, obwohl es dir durch Worte wie Jargon, *jamais* oder Joujou schon geläufiger ist, bezweifle ich deinen Erfolg und erteile dir Absolution.

Nichts für ungut! Ich erhoffe mir nur, daß du ermessen kannst, welch ein kühnes Wagnis unsereiner bereits im zartesten Kindesalter auf sich nimmt, um sich zu einem *vašechtn Čechn* zu mausern. Wir prahlen gerne damit, als einziges Volk der Welt diesen seltsamen Laut in der Schatzkammer unserer Sprache zu bewahren. Dabei ist dieses akustische Juwel auch bei uns zu Hause keineswegs immer richtig zu hören. Manche schaffen es nie und werden an Logopäden verwiesen. Manche fallen sogar ganz durch, und das Geheimnis des hohen *ř* bleibt ihnen auf ewig verschlossen. Sie meiden dann Worte wie »Říp«, um letztlich bei einigen nicht mehr umschiffbaren Begriffen ertappt zu werden. Sie ernten ein höflich-unhöfliches Überhören samt den Zweifeln an der *čechišn Vašechthajt*.

Damit nicht genug hat selbst das Wort Sprache, *řeč*, unseren Wappenlaut bereit. Und das sagt *říká*, alles. Als es einem Linguisten gelungen war, diesen unseren Urschrei-Klang bei einem Indianerstamm nachzuweisen, noch dazu mit einer stimmhaften und einer stimmlosen Variante, brachte das bei uns einige Gemüter aus der Fassung. Im Regenwald hätte man derartiges nicht erwartet. Inzwischen aber sind wir genauso stolz darauf wie früher.

Das ř wird einem Außerböhmischen aber verziehen! Großzügig, wie wir nun mal sind, werden wir ihm sogar vorführen, wie er sich uns nähern könnte. Wir wissen doch: Lang und mühsam ist der Weg auf diesen Parnaß, und nur wenige sind zum Göttlichen erkoren. Im Endeffekt werden wir uns mit irgendeinem »rsch« oder »rz« zufriedengeben. Mit einer ähnlichen Milde begegnen wir Fremden bei den übrigen Geheimwaffen unserer Sprache, die sich einem ungeübten Mund scheinbar einfacher erschließen, nur um ihn in eine weitere Falle zu locken.

Ein »r« oder »l« hält man naturgemäß für ungefährlich, weil allseits bekannt – bis man vor einem »vlk« oder »vrh« landet. Der *vlk* ist keine militärische Abkürzung, sondern ein Wolf, der seine Zähne fletscht. Und der *vrh* ist ein Wurf oder besser: der Wurf des *Čechišn*. Er treibt nicht bloß die mittelgroßen Völker in die Verzweiflung, hier verzagt selbst die größte Nation der Welt: die Chinesen. Sie kennen keinen der beiden Konsonanten, geschweige denn, daß sie sie gemeinsam aussprechen könnten. Was bleibt ihnen anderes übrig, als sich neidvoll vor unserer großen Leistung zu verneigen und uns gebührenfrei die *Štébchen* zu überlassen?

Als unlängst selbst die Amerikaner angesichts der Konsonantenlage klein beigaben, war unser Glück vollkommen. Eine Fernsehanstalt schrieb einen Wettbewerb um den unaussprechlichsten Namen Amerikas aus, und wer gewann? Natürlich Herr Vlk, ein *Čechoamerikánr*. Wir hätten auch die Herrn Krk (Hals), Prst (Finger), Mls (Naschmann) oder Klk (Zottel) liefern können und manche andere. Und denke jetzt nicht, *majn Čechnfrojnd*, du hättest uns mit einem Vilk, Kerk, Perst, Mils eingelullt! Diese Herren lassen sich nicht einbürgern. Jedes *čechiše Ór* hört sofort die »I«- und »E«-Krücken in deiner Kehle! Nein, unser rollendes »r« und unser lallendes »l« sind singende Laute. Sie schaffen Silben! Und auch unser ewig hechelndes »h« hallt nach seinen Rechten, ungeachtet der Stellung innerhalb eines Wortes und aller Versuche, den nötigen Atemaufwand zu drosseln. Erst wenn du auch diese Konsonanten singst und sie schön nach vorne verlagerst, wird dir erlaubt, den Tempel der *Fonétyk* zu betreten. Erst dann ist der *vrh* gelungen, erst dann ist der *vrch* (Berg) bestiegen, erst dann ist unser *srdce* (Herz) erfreut …

Aber du erfreust es bereits mit deinem Bemühen, unsere Zungenbrecher meistern zu wollen. Die *Čechn* sind sich ihrer linguistischen Klippen bewußt, betrachten das *Čechiš* als eine Kunst für Argonauten. Sie werden dir nicht böse sein, wenn du hier scheiterst.

Sie tragen es mit Fassung, wenn du mit den dir bereits vertrauten Lauten, die ihnen ebenfalls nicht unbekannt sind, experimentierst. Wenn du neue Aussprachen erfindest, uns welscher machst, als wir es sind. Oder wenn du uns gar hispanisierst. Merke dir, »böhmische Dörfer« sind bei uns »spanische«, und selbst wenn die alten Bojer aus ihrem Proto-Tschechien einst losmaschierten und ihre Spuren in halb Italien hinterließen, ja selbst wenn wir ihnen, wie es scheint, sogar den Namen *Čech* verdanken, unser »c« haben wir uns selbständig erkämpft und werden es nie zu irgendeinem krassen »k« oder vernuschelten »tsch« verkommen lassen.

Sein Prinzip besteht darin, daß es *nie* (und das will bei uns schon etwas heißen) seinen fröhlich ciceronischen Zet-Zauber verliert. Es ist also immer ein Cäcilie-C, und allen Verbesserungsvorschlägen zum Trotz läßt es sich aus diesem angestammten Cäcilienhof nicht vertreiben. Vá-c-lav Havel ist kein Waklaff oder Watschlaff. Dies Gefühl – *cit* (zitt) – muß man schon haben! Es ist kein Kitt oder – *horribile dictu* – Tschitt! Mit Italienisch kommt man uns näher, wenn man die südländischen Vokale auch dem Čechišen zumutet. Vielleicht holten die Bojer diese wirklich als die einzige Italienbeute heim, nachdem die Römer sie erneut hinter die Alpen zurückgedrängt hatten. Der Wein, der im Chianti wächst, war klimatisch leider nicht transportabel, dafür aber die »a«, »e«, »i«, »o«, »u« quasi als Ersatz-Rebstöcke. Gleichwohl empfinden wir es als tröstlich, daß dort unter der so unčechišen Sonne, zwischen den Dörfern Cecci und Lecci, ein fabelhafter Rotwein zu reifen pflegt, der noch immer Cecci heißt, und ein Fluß namens Cecina noch immer das Mittelmeer beglückt und wir noch immer neben den Plks, Vlks und Krks die apenninischen Selbstlaute als Konterbande bewahren. Aus den ersteren nämlich wäre der Begriff der tschechischen Musik nicht so klar abzuleiten.

Mit diesen helleren, klangvollen Tönen öffnen sich fröhliche Räume der Region. Dunkle Färbungen sind unüblich. Man mag keine Dramatik, kein Entweder-Oder: Vielleicht aus diesem Grund verschmähten die Čechn den Artikel mit seiner ordnenden Kraft. Wenn eine weltliche Erscheinung es einmal zu einem eigenen Begriff gebracht hat, erfreut sie sich geschlechtlicher und grammatikalischer Endungen in Hülle und Fülle. Wo auch immer sie sich befindet, ist sie erkennbar. Man spart also wieder – Raum und Zeit. Die Sätze werden kürzer, sowohl geschriebene wie auch gesprochene. Ein tschechischer Autor, in welche Sprache auch immer übersetzt, gewinnt an Bedeutung. Auf deutsch ist sein Text automatisch um ein Viertel länger. Das erfreut sein Herz (*srdce*) und füllt sein Portemonnaie.

Weitschweifigkeit ist uns keineswegs fremd – wir erzielen sie nur mit anderen Mitteln. Man ist gerne geschwätzig. Vielleicht stammt ja das englische *chatter* – schon seines *č* wegen – aus dem Čechišen. Und der Patriarch Čech hieß – *Chat*, Entschuldigung – Čet!

Es handelt sich meistens um eine freundliche Leistung,

die jedoch nicht vollkommen inhaltslos sein darf. Ein Tscheche in New York, der *»Nice to see you«* hört, ist automatisch geneigt, dies als eine Art Aufforderung zum Kaffeeklatsch zu verstehen. Und die Frage *»How do you do?«* ist ihm willkommener Anlaß zu schildern, wie es ihm wirklich geht. Familienpannen sind interessant und werden preisgegeben. Und natürlich das Mißgeschick generell! Auf die Frage »Hast du / haben Sie schon gehört?« antwortet unser Mister Chat stets informiert: »Na klar doch«, und erweitert die Nachricht, besonders dann, wenn er sie das erste Mal zu Ohren bekommt. Auf diese Weise entstehen die Gerüchte, an denen immer etwas stimmt und meistens das Falsche.

Das ist nicht böse gemeint. *Kabale und Liebe* ist kein tschechisches Stück. Bei uns wird die Intrige mehr oder weniger als Reinfall präsentiert. Nicht daß sie nicht auch grausam wäre. Endet sie aber ohne eine Lachnummer, wird sie als mißlungen empfunden, weckt Mitleid, und Mitleid stimmt milde.

Diese gnadenlose Informiertheit darf man durchaus hassen, doch sollte man sie tunlichst respektieren. Entweder schieben Sie selber etwas nach oder Sie wechseln das Thema. Aber Vorsicht! Nicht zum Wetter. Das wird als unhöflich betrachtet. Sie müssen schon etwas Intimes auf Lager haben. Etwas Präsentes! Denn was auch immer an Unpassendem bei diesem Čet-Čechen-Tschilpen passieren mag, das Ereignis wird hervorgehoben, verehrt und verlängert. Unser Tun als solches ist ein Gottesdienst an die Gegenwart. Man setzt auf die Begriffe, die man im Gespräch ermittelt. Und ziemlich paradox wird eben das für Geschwätz gehalten, worüber es sich nicht derartig schwatzen läßt. Ein Gespräch ist Aktualität pur. Man kann es zwar unterbrechen, aber solange sich die Partner noch einmal treffen können und wollen, ist nichts verloren. Vergangenheit und Zukunft lassen sich natürlich nicht ignorieren. Niemand bestritte, daß es sie gibt. Dennoch ist jedem irgendwie klar, daß sie mit dem bereits Geschehenen kaum mithalten können. Grammatikalisch manifestiert sich diese Jetztbezogenheit in den tschechischen Zeitformen. Unsereiner kommt mit einer einfachen Vergangenheit aus, und seine Zukunft hat ebenfalls nur eine einzige Dimension. Zwischen einem War und einem Wird liegt aber eine schier unendlich gegliederte Ist-Landschaft. Die sogenannten verbalen Aspekte.

Der *Čet* will alles wissen. Ob ein Ereignis partiell oder im ganzen geschieht, ob wiederholbar oder einmalig, ob aussichtsreich oder aussichtslos, ob in einem totalen Jetzt abzuwickeln oder ausdehnbar. Und er will es sofort wissen, während des Sprechens, in einem einzigen Verb. Kann er sich austoben, so tut er das in einem Lindwurmwort ungeahnter Präzision. »Da haben wir uns ausgetobt«, klingt *čechiš*: *To jsme se nadovyváděli*. Und meint: »Wir haben stückweise und wiederholt getobt, bis wir letztendlich fröhlich aufgehört haben zu toben.« Spüren Sie die Üppigkeit, die Kompaktheit dieses Tobens?

Im Deutschen bezeichnet Tatsache etwas, das durch Taten entsteht. Es gibt aber auch tatenlose Tatsachen. Eine Tatsache muß nicht direkt eine Wirklichkeit sein. Unser Mister *Čet* ist Spezialist in wirkenden Tatsachen, in Wirklichkeiten. Er ist Überprüfer und *Kontextualist*. Falls es diesen Begriff noch nicht geben sollte, sei er hier für uns Tschechen erfunden! Dieser Trieb geht so weit, daß auch Sachworte immer kontrolliert und erst dann in die Hoch- und Standardsprache eingeführt werden, wenn die Abstraktion so zwingend ist, daß sie sich nicht mehr ignorieren läßt.

Das »Hochhaus« konnte das Deutsche begrifflich sofort bilden, als das erste Ungetüm dieser Art gebaut wurde. In Tschechien brauchten wir einige Jahre und viele häßliche »turmartige« Häuser, *věžové domy*, bis wir daraus einen *věžák*, »Turmer«, machten, der jedoch noch immer als etwas Halblegitimes wahrgenommen wird.

»Der liebe Gott hat uns so geschaffen: Hier stehen wir und können nicht anders …« Dieser Satz klingt ein wenig eisern. Ein *vašechter Čech* würde sagen: »Hier stehe ich, aber – ich könnte auch anders.« Denn das Stehen ist ebenfalls eine Art Bewegung! So wie Bäume nur verlangsamte Blitze sind, oder Blitze schnelle … Bäume des Himmels.

Rauschwald

Der liebe Gott heißt auf *čechisch Bůh*, stimmhaft ausgesprochen. Der Name hat jedoch nichts mit den Buhrufen zu tun. Das Mini-o über dem »u« deutet darauf hin, daß er ursprünglich ein *boh* oder *bog* war. Also derjenige, der füttert, schenkt und reich macht. Das Wohl generell und das Wohlsein schätzten unsere Ahnen gleichermaßen hoch. Seine Position bei uns erleichtert dies keinesfalls. Bůh in Böhmen lebt nicht wie Gott in Frankreich. Nicht einmal ein mährischer Bůh lebt so, obwohl es ihm dort besser geht als in Böhmen. Damit will ich nicht sagen, wir hätten verschiedene Götter, ich mache nur darauf aufmerksam, daß es zweierlei Frömmigkeit gibt: eine tschechische und eine mährische. Die tschechische ist frech, die mährische ist fröhlich. Die tschechische ist trotzig, die mährische ist sanft. Die tschechische klagt Gott an, die mährische beklagt sich bei ihm. Für die *Čechn* im *Bémišn* ist die Geschichte ein Sammelsurium dessen, was nie hätte geschehen dürfen. Für die *mérišn Čechn* etwas, was geschah und was durchaus noch schlimmer hätte kommen können, gäbe es ihn nicht, den lieben Gott, der irgendwo in den südlichen Palava-Hügeln hockt, Wein trinkt und, verliebt in ihren leichten lydischen Tonfall, *mérišе Lídr* singt. Der biertrinkende *bémiše Bůh* sitzt in seiner *bémišn Hospoda*, dem Wirtshaus, als wäre es eine Zitadelle.

Der Böhmenforscher mag sich an Bismarck erinnern: Wer Böhmen besitzt, besitzt Europa! Kein Wunder also, daß man sich bei uns göttlich überschätzt. Ein *Čechnfan* ist nüchterner und meint: Wer Böhmen besitzt, landet in Tschechien, hat Pech und geht irgendwann wieder. Beide Auffassungen stimmen darin überein, daß hier geschichtlich verkehrt wird – und zwar intensiv, wenn auch fast ohne Verhütung.

Die Wege zu uns sind nichtsdestotrotz schön! Der durch das Elbetal, über Sachsen, Lovosovice / Lobositz oder Terezín / Theresienstadt. Der über das Riesengebirge an Hradec Králové / Königgrätz vorbei. Der bayerische – auf Plzeň / Pilsen zu oder über die Kurbäder Marien- und Karlsbád. Der österreichische: Da Österreich einst bei Böhmen war, ist dies vielleicht die eindrucksvollste Route! Man kann auch eine mährische Variante wählen, über Znojmo / Znaim nach Slavkov / Austerlitz oder von Norden über Polen, Ostrava / Ostrau oder Opava / Troppau Richtung Olomouc / Olmütz kommen. Es führen auch Wege über die Slowakei. Nach den langen Jahren staatlicher Gemeinsamkeit mit der Slowakei sind wir noch immer erstaunt, diese als Ausland zu betrachten. Wir üben jedoch, im Rahmen der ausgleichenden Gerechtigkeit hinsichtlich Österreich.

Wie auch immer angegangen – *Čechijen* ist leicht zu erreichen. Und falls es je eine Festung war, dann ließ sie sich unschwer einnehmen. Die vielen Schlachtenorte auf meiner Zugangsliste belegen das deutlich. Ein Paradies, ein Hort der Bequemlichkeit? Eine solche Beschreibung entsprang dem romantischen Herzen und entschlüpfte flugs der patriotischen Zunge. Das Land ist überschaubar im doppelten Sinne des Wortes. Die Berge zu überqueren ist kinderleicht.

Sie bilden keinen Schutzwall. Flüchtig nachgerechnet, verging kein Jahrhundert, ohne daß uns nicht jemand ungeladen einige Male heimgesucht hätte: mit irgendeiner unverständlichen Botschaft, die sich selbst als die allerklarste verstand. Ist es unter diesen Umständen verwunderlich, daß wir auf viele Wahrheiten pochen? Wir hatten auf viele zu schwören.

Dem war aber nicht immer so. Es gab auch wahrheitsfestere Zeiten hierzulande. Darum nähern wir uns dem Göttlichen in uns über den »Rauschwald« (Šumava), wie der Čeche den Böhmerwald nennt. Er könnte auch »Schönava« heißen, strahlt er doch eine Ruhe von fast göttlicher Qualität aus. Hier sind noch Spuren von Hus und Nepomuk zu finden, den streitbaren Heiligen der Tschechen und Gestalten von internationalem Rang.

Der erstere, ein Mann, mit dessen Namen auf dem Panier wir noch immer als Gotteskämpfer, wenn nicht in Europas Geschichtsbüchern, so zumindest in den unsrigen herumspuken, kam aus dieser Gegend. Bis auf den Taufnamen weiß man wenig über seine Jugend. Eins scheint jedoch klar: Seine Mutter wollte aus dem begabten, aber armen Sohn einen Herrn machen. Einen geistlichen Herrn, denn der Weg nach oben führte für die Begabten und Armen über die Kirche. Ohne Zweifel war Jans Mutter ernsthaft und fromm, wie es im »Rauschwald« noch lange bis in die Neuzeit üblich blieb.

Der Familienname, Nana (spöttisch Anna, aber auch tölpelhafte, unsympathische Frau), ist umstritten. Hus (Gans) hieß er nach seinem Geburtsort Husinec (Gänseheim). Das Herkunftsattribut, später schlicht abgekürzt oder der Hus, der Räuberburg der Gegend, angepaßt, ist eine zeitgenössische Allüre. Hus selbst diente der Name zu ironischen Bemerkungen und den Feinden zum Spott. Noch lange nach seinem Feuertod machten seine Widersacher sich über den »Gänsebraten« lustig. Doch wie die Landschaft hier unmißverständlich ihre Altertümlichkeit und Vielschichtigkeit ausstrahlt, so ist auch der Ketzername höchstwahrscheinlich uralt und vielschichtig. Der Ortslage nach verbirgt sich in Husinec wohl ein verklungenes Keltenwort für Moder, ähnlich wie das deutsche Hüsede (Husidi) oder das holländische Heusden (Husdun). Die slawische Landnahme war hier auf ein lebendiges Vorsubstrat gestoßen und sog es auf, wofür auch der Menschenschlag zeugt, dem von vielen »gallische Züge« zugeschrieben werden.

Eine ganze Riege von Schwärmern promeniert durch die Geschichte, alle in diesem kargen Landesteil geboren. Neben Jan Hus und Johannes von Nepomuk auch der gefürchtete kriegerische Vollstrecker von Hussens Wahrheit, der böhmische Ritter und Hussitenführer Jan Žižka von Trotzenau. Oder der sanfte Nachfolger von Hus, Petr Chelčický, der in die Fußstapfen des südfranzösischen Reichtumverächters Waldes trat und der Ahnherr der Böhmischen Brüder wurde. Der Saga nach soll der Franzose hierhergeflohen sein und hier begraben liegen.

Alle drei – Žižka, Chelčický und Waldes – weisen jene konsequente Leidenschaft oder leidenschaftliche Konsequenz auf, die die Hiesigen auszeichnet. Eine einmal – kühl oder kühn, wie auch immer – getroffene Entscheidung wird hitzig verfolgt und koste es, was es wolle, durchgeführt.

Auch Hus muß aus solchem Holz gewesen sein. Denn aus der Pfarrschule von Prachatice / Prachatitz gelangten nur die Besten nach Prag. In jenes Sündenbabel mit seiner *universitas*, die bereits über eine Generation lang alle Wissensdurstigen magisch anzog. Sie war der Stolz Prags, gegründet von Wenzels Übervater für die Cisalpiner, die Hinterbergler: Bayern, Böhmen, Polen und Sachsen; eher geographisch gemeint als national. Vier Völker, vier Stimmen. Die Sorbonne in Paris stand Pate. Die Völker waren gleichberechtigt. Doch ihre Stimme bedeutete nicht automatisch eine Sprache. So hatte Deutsch natur- und leistungsgemäß ein

Übergewicht gehabt. Denn auch unter Böhmen sprachen nicht alle tschechisch. Die Bildungs- und Amtssprache jedoch war Latein. In ihr beschloß man gemeinsame Dinge, und wir Tschechen genossen das wunderbare Novum der Universität und Universalität der Erziehung. Und diese einzige böhmisch-tschechische Stimme entsprach unserem Anteil und am Anfang wohl auch unserem Anspruch.

Hus war etwa zwanzig, als er sich auf den Weg machte. Die Stadt, eine der drei, vier wirklich großen jener Ära, bezauberte auch ihn. Bunt war sie, ein Dreh- und Angelpunkt vieler Völker. So, wie es Karl IV. beabsichtigt hatte, als er sie zur Residenzstadt erhob, zur *mater urbium*. Unter ihm, dem zweiten Luxemburger auf dem Prager Thron, erreichte das Königreich endlich das, wonach sich seine früheren Herrscher gesehnt hatten: ein Punkt auf der politischen Achse Europas zu werden.

Offensichtlich überstrapazierte er dabei die Kräfte des Landes. Er lag im Sterben und sein achtzehnjähriger Erbe unter dem Tisch in einer der Prager Kneipen. Dieser Václav (Wenzel IV.) hätte in einer durchschnittlichen Zeit gut einen Durchschnittskönig abgegeben. Für ein Reich im Umbruch war er eine Fehlbesetzung. Im Jahr seiner Thronbesteigung brach die Kirchenspaltung aus und fand mit Wenzels IV. politischem Ende ihren vorläufigen Abschluß. Es war auch Hussens Ende. Jan und Václav waren auf sonderbare Weise verbunden. Ohne den jähzornigen Wüstling hätte der gestrenge Sittenanmahner seine Laufbahn wohl als einer der vielen langweiligen Theologiedoctores beschlossen.

Zu der Zeit seiner Ankunft in Prag knirschte es im Reichsgetriebe bereits vernehmlich. Fünf Jahre zuvor fiel der erste große Schatten auf die Metropole. Durch Wenzels korruptes Regime hervorgerufen, war eine schwere Finanzkrise ausgebrochen. Vom Kampfprediger Ješek angestachelt, stürmte der Prager Mob das Prager Getto und schlachtete 3000 Juden ab – mit Äxten, Haken und Händen. Ein gutes

Zehntel der Stadtbevölkerung. Es geschah zu Ostern. Nur einige Kinder, plötzlich verwaist, konnten sich durch Adoption und Taufe retten. Das Ausmaß dieser Katastrophe sprengte den Rahmen alles bislang bei uns Bekannten. Die Judenstadt glich einer Brandstätte, man hatte einen riesigen Leichenhaufen am Osterdienstag zu verbrennen. Über Prag lag eine Rauchwolke, deren beißender Geruch sich noch Tage hielt.

Wenzel fühlte sich persönlich beleidigt, doch seine Antwort war lasch und verspätet. Und in der Tat galt der Pogrom seiner verschwenderischen Lebensweise. Finanziert durch Schiebereien seiner Günstlinge. Doch diese, der engste Kreis um den König, waren meistens Tschechen, böhmische Barone, Zemani. Zeman bedeutet, lieber *Čechenforšr*, nur Landlord, derjenige also der *zem* (Land) besitzt. Ein häufiger Name bis heute. Ein kämpferischer. Ein Zeman aus Radec gründete eine Radetzky-Sippe. Ein Zeman wie Žižka wurde noch zu Wenzels Zeiten ein Meister der erfolgreichen Kriegführung. Also kein Seemann, wie ich fremde Zungen mitunter den Namen der heutigen tschechischen Politprominenz aussprechen höre. Wie bekannt, ist seemännisch bei uns nicht viel zu holen.

Im Kreise seiner Zemani fühlte sich Wenzel wohl. Sie waren seine Alters- und Trinkgenossen, Witz- und Raufbolde. Er mochte junge Männer, starke, menschengroße Kampfhunde und keine Mönche oder Besserwisser aus der Vatersküche. Und die Barone waren es, die ihn davon zu überzeugen wußten, daß man das große Vatererbe aus den böhmischen Burgen zwischen zwei Jagdritten und einem Saufgelage verwalten kann. Sie glaubten das wahrscheinlich selbst; waren Provinzler – keine Seemänner. Und in dem damaligen Weltbild konnten sie sich auch mit Recht in der mittesten Mitte fühlen.

Amerika wird erst um ein Jahrhundert später von einem Seemann entdeckt werden. Und Böhmen aus seiner Mittellage an den Rand gedrängt, was letztendlich auch zu einer Niederlage führt. Ja hätte man für diesen seemännischen Erfolg der nächsten Zukunft bei uns ein wenig vorgesorgt, so wäre die Randlage später wahrscheinlich nicht so kraß ausgefallen. Aber politische Klugheit und Vorsorge sind in der Geschichte generell eine rare Ware. Zwischen Křivoklád (Burglitz), Karlstein und anderen Jagdschlössern und Burgen von Wenzel lagen wunderschöne Täler einer ruhigen, ruhenden Welt. Wenn du, mein *Čechenforšr*, uns per Zug besuchen möchtest, merke dir das linke Moldau-Ufer kurz vor Prag bei Beroun. Da taucht für kurze Zeit die erhabene Architektur von Burg Karlstein auf, oder reise einfach mit einem Pkw an und mache die Runde: Křivoklád, Karlstein, und du siehst, daß sich Wenzel hier wirklich hätte wohl fühlen können. Aber selten ist in Europa eine politische und kulturelle Position leichtfertiger verspielt worden als die böhmische zu der Zeit von Wenzel und seiner jungen und schönen Provinzler um ihn herum. In Prag also brodelte und gärte es weiter. Auch Hus nahm es wahr, verhielt sich aber vorerst still. Das Brot der Bettelstudenten teilte er zwar ohne Murren, es dürfte ihm jedoch kaum geschmeckt haben. Eine nach der anderen nahm er die Hürden der Würden, bis er Magister der Philosophie wurde. Ein Grad, der ihm den Zugang zu der supranationalen Geistesschmiede Prags öffnete. Sein neues Ansehen brachte ihn nicht um das soziale Mitgefühl mit seinen Tschechen, aber die Strenge, die er gegen sich selbst richtete und der er seine Karriere verdankte, suchte jetzt nach einem ähnlich würdigen Ziel. So lange und gründlich hatte Hus das eigene Selbst gezüchtigt, daß er jetzt Unzucht als solche zum Hauptfeind erkor. Nicht nur die sichtbaren Kirchenmißstände empörten ihn, besonders eiferte er gegen die im verborgenen wühlende siebte Sünde. Seine Ausfälle gegen die religiös-sittliche Trägheit waren so zahlreich und manisch, daß man sich kaum des Eindrucks erwehren kann: Hier stellte jemand das eigene Unwohlsein höher als das Wohl der Mitmenschen.

Sein beredsamer dreisprachiger Sittenernst rückte ihn bald in die Mitte der tschechischen Gelehrten, die zugleich die Mitte des Streites war. Die anderen Nationen an der Prager Hochschule, Bayern, Sachsen und Polen, sahen die Welt milder. Sie stritten als Nominalisten. Die Tschechen dagegen bekannten sich zu den Realisten. Der Glaube an die greifbare Existenz sagte dem Herzen ihrer ziemlich jungen Intelligenz mehr zu. Das entsprach auch Hussens Konstitution. Die Vorstellung, daß auch unsichtbare Wahrheit faßbar wäre, faszinierte ihn. Wahrheit, die kraft ihrer Existenz, nicht mehr zu zerreden ist ... weder sächsisch, noch bayerisch, noch polnisch! Unteilbar, nie doppelzüngig! Er sah sie lebendig vor sich. Als säße sie wie eine schöne, tschechisch schnurrende Katze im Schoße des Herrn. Als hielte sie von dort Ausschau nach den Wahrheitssuchern im Tschechenlande. Nach ihm, der sie streicheln würde, falls sie herabspränge. Und siehe da, sie tat's und rieb sich an seinem Bein.

War sie aber nicht die Katze der Ketzerei? Nun, in der Christenwelt dreier Päpste, die sich gegenseitig munter exkommunizierten, traf der Vorwurf irgendwann fast alle. In den blutigen Papstfehden erschien Hussens Appell an die Kirche zurückzukehren zur Unbeflecktheit des Ursprungs, nicht nur richtig, sondern auch milde. Unpolitisch und bescheiden bleibe die Herde Christi! Und Jesus selbst ihr einziger Hirte und als ihre irdischen Wächter nur die Erleuchteten mit der Bibel, der ersten und letzten Quelle aller Evidenz, in der Hand!

Jetzt wußte Hus, wozu ihn der liebe Gott mit der Gabe des Wortes beschenkt hatte und fügte seinem Magisterhut den Priesterrock hinzu, bereit, um das Wort und mit dem Wort zu kämpfen.

Man bot ihm eine Kanzel an, und er machte die bis dahin fast bedeutungslose Bethlehem-Kapelle zum Wendepunkt der Landesgeschichte. Hier führte er täglich vor, wie das Wort Gestalt annimmt, hierher, zu ihm, strömten die armen und reichen Prager. Und die Frauen, leidenschaftliche Verehrerinnen, allen voran die schöne Sophie aus Nürnberg, Gattin des Königs!

Sophie von Bayern war Wenzels zweite Ehefrau. Vielleicht dachte sie bei all den Worten Hussens über den Verfall und die Unzucht nach, und an ihre Vorgängerin, die Königin Johanna, der ein königlicher Kampfhund die Kehle durchgebissen hatte. Bei der wilden Silvesterfeier auf Karlstein, Anno Domini 1386. Man munkelte, die *milci* (die Günstlinge) hätten das Biest nur so aus Jux auf sie gehetzt. Die offizielle Version klang reichlich komisch. Danach soll sich Johanna in der nächtlichen Stille! zum Nachttopf begeben und den ewigen Wenzelswächter gestört haben. Jedenfalls – Wenzel mochte sie nicht. Sie zeigte sich zwei-, dreimal aufmüpfig in seinen Streitereien mit dem Erzbischof und Konsorten ... und sie war nicht schön genug. Zu hoch gewachsen, zu mager, ergo erschien er nicht einmal zu ihrem Begräbnis und heiratete postwendend die Sophie, damals erst knapp dreizehn, aber eine Schönheit. Doch je impotenter er bei den Frauen war, desto eifersüchtiger und unberechenbarer schien er zu werden, und Sophie mußte berechtigte Sorge um ihr eigenes Leben haben. War es doch Wenzel selbst, der den Vikar Nepomuk mit der Fackel sengte, um herauszubekommen, was die Königin dem Pfaffen anvertraute. Und war dieser Hus nicht ähnlich belesen und beflissen, unbeugsam und treu. Sophie entschied sich, ihn zu unterstützen. Bald wurde er Baccalarus der Theologie, Rektor der Universität sowie Kaplan des Königs und Sophies. Vielleicht dachte sie, ja sie muß es geglaubt haben, daß er mit der vernichtenden Kritik des Zeitgeistes und der Zeitsitten irgendwie auch ihren Mann meinte, ihn besänftigen würde oder sogar bessern. So stand sie da, unter anderen Anbeterinnen, und zollte Beifall. Sie wiederholten rhythmisch seine Sätze und rissen die Stadt mit. Mächtige, rituelle Sprechchöre drangen ins Freie.

Schließlich war der König selbst in seinen nüchternen Stunden nicht abgeneigt, der Kirche zuzusetzen. »Sein« Papst hatte sich als undankbar erwiesen, sich für Wenzels Stiefbruder entschieden.

Die Tschechen sahen in ihrem geschädigten Herrscher das Opfer einer ausländischen Intrige. Verstanden seine politische Unbeholfenheit, sein ganzes Ungeschick als eine Art Heimatkunde. Und er, wieder einmal in Rage, belohnte sie. Gab kund, daß die Stimmen einzelner Nationen an der Hochschule in Prag, der *alma mater*, die zur Quelle der Argumente des europäischen Glaubens- und Gleichgewichtskampfes wurde, anders zu zählen seien als bislang. Da die Tschechen hierzulande heimisch sind und der Wahrheit so nahe stehen, solle ihre bis dato einzige Stimme dreifaches Gewicht haben. Letztendlich standen sie nicht nur der Wahrheit nahe, sondern auch Wenzel zur Seite in seinem immer aussichtsloseren Streit mit den Päpsten und Fürsten in dem anderen Reich außerhalb Křivokláds Wäldern. Diese Änderung des Votums war aber ein erfolgreicher Schritt. Mit ihm fand die Einmaligkeit der Prager Hochschule ein Ende. Die Ausschließlichkeit war bereits dahin, da in Krakau, Wien, Heidelberg und Erfurt inzwischen gut dotierte und gut besetzte Universitäten entstanden waren. Doch erst jetzt wurde bei uns aus einer universalen Weltinstitution eine Regionalanstalt. Voller Wissender um den Welt- und Himmelsgang. Ein ziemlich umfangreicher Zug nüchterner Köpfe, deutschsprachiger Studenten und Professoren, verließ die Stadt in Richtung Leipzig und anderer Städte und ließ uns allein − mit der Wahrheit. Hus, der in diesen Ereignissen eine wichtige Rolle spielte, wollte bald noch mehr. Die Königin Sophie hat es eigentlich damals in der Betlehemskapelle richtig erspürt: Es ging ihm nun um die Sünde als solche.

An Mut gebrach es dem Magister nicht. Und erst recht nicht an Klugheit. Es mangelte ihm an der vierten Tugend des gebildeten Christen, an der *temperantia*, dem rechten Maß, am sanftmütigen, ordnenden Verständnis. Diese Tugend kann sich, im Unterschied zu ihren drei Schwestern, auf nichts außerhalb des Menschen berufen. Da er ohne Geduld lehrte, war auch die Freiheit, die er ganz modern im Gewissen des einzelnen lokalisierte, unstet und flüchtig. Seine Forderung, das Wort Gottes unabhängig vom Klerus zu verkünden, versah er mit einer seltsamen Bedingung: Da nur der Sündenfreie auch faktisch frei ist, sind allein die sittlich Würdigen berufen, Gut und Habe zu genießen, einzig ihnen steht jede Macht zu.

Das ging auch seinem König zu weit. Er, Wenzel Nummer vier auf dem böhmischen Thron, ein Erzsünder und Pechvogel, wollte sich verständlicherweise vor einem himmlischen Richter verantworten, anstatt vor einem zwar Wissenden, in der Art aber seinesgleichen, einem Menschen, der ein letztes Gericht schon auf Erden walten ließ. Der König zog sich zurück – und der Papst, dieser profane Mann, Johannes XXIII., den Hus mit Fug und Recht so oft angegriffen hatte, belegte Hus mit dem Bann.

Der Bestrafte reagierte mit einem unerhörten Schritt. Er ließ an der Turmmauer der Karlsbrücke seinen Einspruch anschlagen. Seine Berufung bei Jesum Christum persönlich!

Nicht arglos, nicht einfältig – schlicht konsequent. Er erwartete nicht, am nächsten Morgen auf der Gegenwand Christi Handschrift vorzufinden. (Der sanfte Gottessohn hätte ihn wohl ermahnt: »Magister, bin ich nicht auch für die Sünder gestorben?«) Johannes von Hus war einfach reif, das Urteil Gottes zu ertragen.

Er sei bereit, selbst nach Konstanz zu gehen, sich vom Konzil belehren zu lassen, sagte er. Doch wahrscheinlicher, um eine Lehre zu begründen. Sein tschechischer Begleiter notierte vor dem Scheiterhaufen erstaunt: Das Autodafé habe nicht länger gedauert »als drei Vaterunser«. So kurzerhand, so wundersam verschwand der Ketzer in seinen heimischen Rauschwald, von wo er über Jahrhunderte hinweg weiter mit der Kirche – und seinen Tschechen – stritt.

Sie waren zunächst erschrocken, als sie von seinem Tod erfuhren, dann wütend und rebellisch. Sie wissen doch, die Hussitenkriege – sie kämpften tapfer und letztendlich auch um eine Sache, die nicht nur die ihre war. Es ging um die Position des einzelnen Gewissens gegen Könige und Päpste, gegen die Macht pur. Und auch der Wenzel tobte mehr als üblich. Einem böhmischen König verbrennt man keine Kaplane, ohne ihn zu fragen. Mürrisch beobachtete er das klügere Schalten und Walten seines verhaßten Stiefbruders, ohne das seinige zu verbessern. Langsam hatten auch die Tschechen die Nase voll, und warfen die von ihm eingesetzten Amtsleute aus dem Fenster des Neustädter Rathauses auf die Hellebarden des unten sich versammelnden Volkes. Da starb er in einem Wutanfall, als er die Nachricht hörte. Und Sophie versuchte mühsam, in den Wirren der sich weiter ausbreitenden Revolution, ein Grab für ihn zu finden. Es war nicht einfach. Er landete in einem Kloster vor Prag – Zbraslav heißt es, und es ist bis heute malerisch gelegen. Diesen Ort sollte der *Čechenforšr* nicht meiden. Hier bestattete man einst die Přemysliden.

Im Klosterkeller lagerten aber Wein und Bier und andere Schätze, so daß die Scharen der Aufständischen bald auch bis hierher vordrangen. Und sie verschonten, ähnlich wie um fünf Jahrhunderte später die Franzosen in Saint-Denis, die Grabstätte der eigenen Könige nicht. Die Leiche Wenzels hielt noch zusammen, also zerrten sie ihn aus dem Sarg, legten ihn auf den Altar, schmückten ihn mit Heu und allerlei Gräsern und gossen ihm Bier in den Mund, mit den Worten: Als du noch am Leben warst, hast du doch gern mit uns gesoffen! Und vielleicht nahm sich auch aus diesem Grunde ein Fischer namens Moucha (Fliege) seiner an, und begrub ihn heimlich in seinem Weinberg. Da lag der König einige Jahre lang unter den Wurzeln seiner beliebtesten Rebe, bis sich schließlich die Lage klärte und Moucha sagte, wo seine Gebeine sich befanden. Dann gab es endlich einen echten Umzug für Wenzel, den IV.: von Zbraslav in den Veitsdom, wo er seitdem ungestört ruht, in der Nähe seines Übervaters.

Wir haben nun mal polemische Heilige, wir Tschechen. Auch der andere international bekannte Märtyrer haderte mit seinem Volk und stammte aus diesem Teil des Landes. Wenn Sie von Husinec nach Nepomuk fahren wollen – sehr empfehlenswerter Abstecher außerhalb touristischer Routen –, wechseln Sie vom Rauschwald in eine Teichlandschaft und tauschen den predigenden Jan gegen den schweigenden. Man kann nämlich Wahrheit auch schweigen. Um Vimperk herum, aus dem Boubín-Urwald nach Prachatice und Husinec ist es ein Katzensprung. Sie bekommen malerische Städte zu Gesicht und erleben böhmische Dörfer pur. Sie heißen bei uns, wie gesagt, »spanische« – diese auf *-ice* und *-any* endenden, diese Worte mit der Endsilbe *-ov*, *-in* oder *-ec*. (Denken Sie an die C-regel! C wie Cäcilie!) In der deutschen Umschreibung verkamen sie dann zu –itz. Oder zu -witz – doch so witzig sind wir nun wieder nicht, wie viele Ortsnamen nahelegen.

In Husinec werden Sie das erste Hus-Denkmal erblicken, und auf der Prachatice-Brücke … dem ersten Nepomuk begegnen. Die beiden werden sich noch häufig abwechseln. Die Hus-Statuen stehen trotzig gegenüber einer Kirche – damit es keinem entgeht, wem er Paroli bietet. Es sind vorwiegend prächtige Barockbauten.

Selbst da, wo es sich um schlichte Dorfkirchen handelt, behalten sie überwiegend ihren Charme und passen sich der Gegend an. Unpolemisch, milde. Die Barockgestaltung der Landschaft wollte dem Raum etwas hinzufügen, nicht weg-

nehmen. Dieser Teil von Tschechien blieb von den Aus-
wüchsen der Industrialisierung verschont, deshalb kann
man hier die Einmischung der Menschen in das Werk Gottes richtig genießen. Dörfer, Städtchen, Teiche, Hügel …

Ganz Tschechien, gewissermaßen die »Vereinigten Böhmischen Dörfer«, keine Großmacht in der Mitte Europas –
besitzt dennoch eine ruhige, in sich ruhende Stärke. Zwischen Husinec und Nepomuk liegt eine Art *terra sacra*. Hier
wimmelt es nur so von heiligen Figuren. Heilig im tschechischen Sinn. Hus, Nepomuk, Chelčický, Adalbert (Vojtěch)
und J. N. Neumann haben alle etwas mit diesem winzigen
Streifen zu tun. In unserem tschechischen Himmel gibt es
einige Frauen und Männer, die im *coelum* der Kirche nicht –
oder noch nicht – bekannt sind.

Unser Himmel ist weit und behäbig, nicht allzu ortho-
dox. Man hält unseren Anwärtern die Daumen und setzt auf
sie, irgendwann werden sie es schon schaffen. Unser Himmel gleicht einem unserer Dörfer. Irgendein »Himmelshausen« muß es sein. Dort sitzt unser Petrus, Petr mit rollendem
»rrr« und wallendem Bart, am Fenster seiner *chalupa*, seiner
Hütte, raucht Pfeife und beobachtet, wie sich ein TT (tatsächlicher, hier auch tugendhafter Tscheche) im Schneckentempo an das offizielle Reich Gottes heranpirscht.

Natürlich leugnen wir diese höhere Adresse nicht! Wir
haben ihr lediglich ein Zoll- oder Sollhaus vorgeschoben.
Und von dort aus hört sich das schwere Keuchen und laute
Seufzen der Kandidaten wie das Röhren eines rasenden
Formel-1-Wagens an. »Mach voran«, rufen wir begeistert,
wenn eine oder einer von uns endlich mal auffällt, »laß dich
nicht kleinkriegen!« Wie unlängst die Agnes. Anežka Česká
von Prag harrte 600 Jahre ihrer Heiligsprechung! Ich fuhr
selber nach Rom, um dabeizusein, wenn das *coelum* endlich
zustimmen würde. Es stimmte zu, Anno Domini 1989
wurde die Königstochter aufgenommen, und das Ereignis
erschütterte den Himmel derart, oder stimmte ihn so gnä-

dig, daß in der alten Heimatstadt der frischgekürten Heiligen ein schlimmes Regime zugrunde ging. Was sich die Tschechen bis dahin vergeblich gewünscht hatten.

Ich wage es nicht, mir vorzustellen was passiert, wenn es einmal der Hus schafft! Da müßte das ganze Europa beben, vielleicht vor Freude, daß es endlich eins ist. Und friedlich. Warten wir ab. Der gute Nepomuk erreichte das Ziel nach einem Vierteljahrtausend. (Darüber mehr, wenn wir bei ihm angelangt sind.) Sein Namensgenosse Johann Nepomuk Neumann, geboren in Prachatice, war schneller. Obwohl erst im vorigen Jahrhundert geboren, wurde er in diesem unseren höchst unheiligen Zeitalter heiliggesprochen. Vielleicht munkelt man auch deswegen in Himmelshausen, weil ihn die Bayern mochten. Eine Art Protektion! Vor allem aber war er klug genug, um rechtzeitig Amerika zu wählen. In der Epoche der heiligen Nationen, in der er zur Welt kam, hätte er sich eigentlich für eine der rivalisierenden entscheiden müssen. Eine höchst unheilige Tat – *sub specie aeternitatis*. Er wurde in Philadelphia Bischof – und basta, blieb böhmisch bipolar. Hätte er sich auf Himmelshausen verlassen, auf die Chalupa, er hätte in dem Schneckenbetrieb des Sakralen wesentlich länger ackern müssen. Hier in der Chalupa, der Hütte, dem Bauernhaus, dem Weiler – es hat von jedem etwas – verfährt man nach der urtschechischen Regel, die ich das Prinzip der ausgleichenden Ungerechtigkeit nennen würde: »Jedem das Seine« heißt hier: »Jedem das Meine.« – Solange es mir schlecht geht.

Das tschechische Himmelshausen ist also eine schwer zu nehmende Hürde. Der Weg in den tschechischen Himmel führt unwiderruflich über die tschechische Hölle. Ein vereinbarter Umweg. Ein Muß der Mißgunst dem Heiligen gegenüber. Und eine Rache des Himmels, die all jene trifft, die von vornherein aufgeben und sich lieber einrichten. Arme Teufel, unzählige Kobolde: das ist unsere Spezies. Sie sehen harmlos, fast zivil aus. Aber Achtung! Die Leichenbittermiene, der man bei uns so oft begegnet, verrät sie ebenso wie die unsteten Augen. Flüsternde Lippen bringen tagtäglich eine schlechte Nachricht von irgendwoher. Kakangelion hätte das griechisch heißen müssen. Sie sind Kakangelisten unseres Alltags. Sie haben immer etwas Mieses parat. Schweiß ohne Tränen. Viel Sauertöpfisches, viel Unmut. Die Angst, einmal der Hölle trotzen zu müssen, macht uns das Leben zur Hölle. Heilig zu werden, halbwegs heilig, ist für unsereinen ein höllisches Wagnis.

Vielleicht aus diesem Grund verspäten sich diejenigen, die wir gerne im Himmel hätten, so sehr. Sie machen Umwege, und erst am Ende einer langen, langen Reise gelangen sie auf den böhmisch buckligen Kopec (C wie Cäcilie!), auf jenen Hügel also, von dem aus das böhmische Dorf zu erblicken ist, in welchem endlich auch die Kirche gelassen werden kann.

Hus, wie gesagt, könnte sich bereits auf einer solchen Anhöhe befinden.

Oder der Chelčický zwei, drei Schritte vor ihm – als der mildere Ketzer. Er predigte Frieden pur. Hier, am Fuße des Rauschwalds, ist der Friede ja heimisch. Seine böhmischen Brüder, friedfertig, fröhlich und fleißig, eine seltene Kombination in unseren Gefilden, waren bald gezwungen, ihre sieben Sachen zu packen. Über Mähren und Herrenhut gelangten sie nach Amerika, wie ihr Landsmann aus Prachatice. Und es dauerte eine gehörige Weile, bis wir für ihren Gründungsvater ein Denkmal parat hatten. Ein kleines zwar, doch immerhin ein Denkmal.

Bevor Sie Husinec – und somit auch die Šumava – verlassen, drehen Sie sich noch einmal um, und behalten Sie das Reformator-Städtchen in seinem tiefen Tal in Erinnerung.

Die Häuser, obwohl meistens nur eingeschossig, prahlen förmlich: Wir sind was! Durch die Jahrhunderte fast unverändert, präsentieren sich ihre Eingangstüren burgartig, Türgewölbe nach altem Steinmetzmuster. Hus' Geburtshaus, falls es sich wirklich um dieses handeln sollte, strahlt städtischen Stolz aus. Und die Bebauung ringsum ist im Kern bereits gotisch. Der streitbare Jan hätte folglich genausogut nebenan oder eine Ecke weiter geboren sein können. Der Grundriß und die Grundform der Häuser sind stets die gleichen geblieben. Fest im Boden verankert.

Hier sieht man sofort, daß die Wahrheit siegt. Das Hus-Wort, das es zu unserem Wappenspruch brachte auf der Fahne, die über dem Hradschin flattert und knattert, bekam seine Festigkeit möglicherweise von hier; rein architektonisch, in diesem *Stavení*, Gebäude, wörtlich Bauwerk, das keine *Chalupa* ist, selbst wenn sich beide im Umfang nicht allzuviel voneinander unterscheiden. Aber: Umfang heißt nicht Größe.

Denn sowohl in der Chalupa wie oben auf dem Hradschin hat es die Wahrheit schwer. In der Chalupa siegt sie zuweilen auch, aber selten. Aus dem lateinischen Vorbild, *veritas Dei vincit*, ließen wir einfach das Attribut weg: Übrig blieb *pravda vítězí*.

Und damit sind wir wieder bei den Sprachproblemen: Wir Tschechen kennen nur eine Vergangenheits- und eine Zukunftsform. Eine Futsch-Zeit und eine Hin-Zeit. So haben wir die Unterscheidung auf Gewesenes und Kommendes reduziert, als hätten wir beweisen oder ausdrücken wollen, wir seien froh, es ein für allemal hinter uns gebracht zu haben, und bereit, mit dem, was auf uns zukommt, ähnlich zu verfahren, weil es mit ziemlicher Sicherheit nicht viel Besseres bringt. Die Gegenwart aber ist für uns vielschichtig. In ihr unterscheiden wir Zustände: gerade erst angebrochen oder halbwegs beendet. Aspekte: die unendlichen Sichtweisen des Sprechenden, der während des Sprechens schaut, zuschaut und das Undefinierbare definiert – die Wirklichkeit in ihrem Wirken. So bedeutet auch das *pravda vítězí* eigentlich nur: Wahrheit ist am Siegen, während das Spiel selbst ins Unendliche ausgedehnt und als unentschieden betrachtet wird. Doch das ist noch lange nicht alles: Weil wir keine Artikel kennen, weiß unsereiner nie oder – was vielleicht noch wichtiger ist – muß nie ganz wissen, ob es sich um eine Wahrheit, die Wahrheit oder *nur* Wahrheit handelt. Hus dachte gewiß an *die* Wahrheit. An eine Wahrheit Gottes, *veritas Dei*. Wir benutzen das Attribut nicht mehr, denken an unsere Wahrheit, aber pfiffig, wie wir nun mal sind, sprechen wir das niemals aus. Wer weiß, ob es nicht eine andere Wahrheit – eine womöglich siegreichere, siegessicherere gibt . . . In dieser Wahrheit ohne Artikel läßt sich leben.

Ein Leben in der Wahrheit können wir jedenfalls ohne weiteres anbieten, denn es ist kein Mönchsleben. Zu selten haben wir gesiegt und irgendwann wegen *der* Wahrheit einen höheren Schaden erlitten (o Hus und deine Folgen). Geben wir uns mit der Wahrheit ohne Artikel zufrieden. Das Wahre ist Ware. Natürlich behaupten wir nicht, es gebe *keine* Wahrheit, und verkünden keinesfalls, sie würde nicht siegen, wir möchten nur wissen, wann und unter welchen Gegebenheiten.

Es gibt indes eine Chalupa-Wahrheit und das Leben darin. Kein üppiges, aber auch kein elendes, angestrahlt vom Lichte der Geschichte, lies: von dem Unwahrscheinlichsten, der totalen Panne ausgehend, verlassen wir den warmen, miefigen Raum, die Chalupa, um über den Vorgartenzaun grinsend, nicht unähnlich einem Gartenzwerg, argwöhnisch das Fremde zu beobachten – das hoffentlich vorbeizieht.

Unser Himmelshausen hat sein irdisches Vorbild in der auf ihrer Basis, dem Fuß, ruhenden Säule. Wäre der Marxismus eine tschechische Erfindung, hätten wir terminologisch den Bau und Überbau als Chalupa und Über-Chalupa eingeführt. Aber der wäre kafkaesk.

Übrigens, wenn es Sie von Husinec nicht direkt nach Ne-
pomuk zieht, sollten Sie einen malerischen Schwenk über
Písek einlegen. Sie entdecken neben der Otava, dem Atwa-
Fluß der Kelten, auch ein Dorf namens Osek mit einem
Teich und der Chalupa, in der Kafkas Vater geboren wurde.
Der Sohn machte die böhmische Enge zu einem Welt-
thema. Denn die tschechischen Juden, zu denen sich der
Heřman Kafka zählte, lebten mit uns in diesen magischen
Häusern, Nähe und Enge zugleich. Zwanzig Striche Aussaat
und basta. Die oberste Grenze. Was einer davon zu ernten
vermochte, reichte – oder auch nicht – zum Leben. Wer
eine Chalupa hatte, war Chalupník. Das Bauernhaus, die
Hütte, schuf Häusler, Hüttler. Ein solcher wuchs zwischen
den gekalkten Wänden auf, schlief unter der Balkendecke
oder hinter dem Ofen, besang die Linde im Vorhof. Kannte
alles und alle, merkte sich auch das kleinste für ewig, vor
allem einen Faux-pas, ein Mißgeschick, eine Panne. Geschichte ist bei uns Pannendeutung, Apologie der Umstände, Anekdote als Sinnstiftung.

Wenn jemand aus einer Schlacht zurückkam, die er für
císařpána a jeho rodinu, für den Kaiser und seine Familie, hatte
ausfechten müssen, empfingen wir ihn nicht als Helden.
Angeber mögen wir nicht, Ferne ist verdächtig und Helden-
taten sind es doppelt. Auszeichnung hin, Auszeichnung her,
man schaute auf die Kosten: Die kriegsversehrten Veteranen
lebten unter uns – besonders, wenn sie sich rühmlich her-
vorgetan hatten. Unser Radecký etwa, der aus Radec stam-
mende Feldherr, den es weit herumgetrieben und der es
weit gebracht hatte – mit uns als Kanonenfutter. Obwohl
unser Herz noch immer höher schlägt, wenn wir den für ihn
komponierten Marsch hören, trugen wir sein Denkmal in
Prag ab und benannten den Platz um oder, besser gesagt,
wir re-neutralisierten ihn zu einem schlichten Kleinseitner
Náměstí. Sicher ist sicher.

In eine Chalupa-Welt paßte der Mann ohnehin kaum.

Hier feiert man Pannen, nicht Siege. Einer, dem einmal, vor Generationen, die Suppe mißlang, heißt Polívka und belächelte einen, dem ähnliches mit der Soße widerfuhr, den Vomáčka. Smetana (Sahne) sprach nicht mit Kalivoda (Dreckwasser), weil Kalivoda die Příhoda (ungelegen zugestoßen) heiratete und er nur die Přikryl (eine, die etwas zugedeckt hat).

Am schönsten finde ich immer Namen, die zu einem Wappenspruch verdichtet wurden. Wie Nepovím (Ich sage es nie) oder Osolsobě (Salze dir selber ein). Auch Skočdopole (Spring ins Feld) ist köstlich. Noch heute grübele ich darüber, was der voreilige Mensch verbrochen haben mag. War er so kleinmütig, daß er sich schon bei der ersten Gefahr davonmachte, um sich in einem *pole*-Feld zu verstekken? In Weizen oder Korn? Oder schickte man ihn, um etwas zu holen? »Spring mir für etwas«, heißt bei uns, hole was her. Vielleicht verstand er nicht, was, und kehrte mit leeren Händen zurück. Diese Geschichte bleibt offen und sorgt, wie manches hier, für neue Erläuterung und neues Erzählen. In einem solchen Ambiente, wo Novák oder Novotný (Neuer und Neusaß) das Ereignisreiche demonstrieren, wo ein Svoboda (Freisaß), Procházka (Spaziergang) und Pospíšil (Er ist geeilt), der Wanderbursche und Luftikus, die ganze soziale Dynamik ausmachen, hatte es ein Hüttler schwer, ein Hitler zu werden.

Hierzulande würde man so einem seine Wiener Jahre nie nachsehen. Hatte er nicht bei der Zakreys gewohnt – der Frau »Verdecker«? Bei Máňa Zákrejsová aus Polička? Was wollte sie in Wien? Na, raten Sie mal. Das, was sie in Polička nie hätte treiben können! So ein armer Schlucker aus dem Rauschwald, von den österreichischen Hängen der Šumava, kann uns nichts vormachen. Hieß er nicht eigentlich Schickelgruber? So ein anständiger Name, und inhaltsschwer, fast tschechisch. Es hätte ihm nichts geholfen, daß er sich diesen Hitler zulegte. Bei unserem Elefantengedächtnis kann sich so ein Hýdla oder Hejdla nennen, wie er will. Nicht einmal Genies vermögen es bei uns, der Last des Ursprungs zu entkommen.

Als einst ein junger Jebavý (der gerne fickt), ein Zeit- und Klanggenosse Rilkes, seine Bestimmung ändern wollte und zum Březina (Birkenhain) wurde, bewirkte er nicht viel. Noch immer kichern die Schulkinder, wenn sein wahrlich nicht gering zu schätzendes Werk durchgenommen wird, und geben weiter, was mit den Birken vertuscht werden sollte.

Die Rauschwald-Connection des Führers hätte ihn bei uns überführt. Zákrejsová, Kubiczek, zu viel für eine kühne Karriere. Kubíček, der Jugendfreund, hätte uns von vornherein gewarnt. Kuba ist auf tschechisch nicht nur eine Insel, auch ein kleiner Jakob, und darüber hinaus ein Stümper. Und Kubíček, das Kubileinilein, ein Stümperchen als jugendlicher Hermes der Vorsehung!

Nein, lieber Tschechenforscher, ein Chalupa, ein Chaloupka, wie der Staatsmann tschechisch hieße, würde es in Tschechenhausen nie zum Diktator bringen. Schon aus rein sprachlichen Gründen. Nicht, daß wir gegen Manipulation oder Grausamkeit gefeit wären. Man muß aber richtig heißen.

Gottwald etwa. Das räsoniert, stimmt ein. Der liebe Gott ist im Spiel. Und wir kennen ihn in dieser deutschen Form – aus unseren Flüchen: *himlherrgott krucinálšmarjájózef!* Klugerweise schimpfen wir oft auf deutsch. Um den Namen Gottes nicht unnütz anzuführen, schonen wir ihn muttersprachlich. Zum einen, da wir ihn ohnehin ganz selten strapazieren, zum anderen aus Vorsicht, falls es ihn doch geben sollte. Denn wir verfahren mit ihm ähnlich wie mit der artikellosen Wahrheit und sichern uns eine gute Ausrede, indem wir beteuern, wir hätten nicht verstanden, was wir da sagten.

In Gottwald klang jedoch etwas Höheres an! Etwas waltete da oder »waldete« mit. So probierten wir es mit ihm, den Wahlzettel in der Hand (genau wie die Deutschen). Letztendlich hatte auch er sich zur selben Zeit in Wien herumgetrieben, wie sein älterer monarchischer Mitbürger. Es gibt Haßverwandtschaften. Mit seinem scharfen Blick für die Weltvereinfachung, geschult im Hader der Nationen am Ende der kakanischen Ära, schuf er nach dem großen Krieg eine tschechische Tyrannei, die selbst den abgehärteten Witzbolden, den ewigen Meckerern und Belächlern, die Sprache verschlug.

Sie zogen sich zurück – in die Chalupa. Waren wir einst, im Zuge der Industrialisierung und des tschechischen Aufstiegs, stolz darauf, sie endlich verlassen zu haben, entdeckten wir sie jetzt wieder.

Die erste selbstgewählte Diktatur gab unserem Leben eine neu-alte und dauerhafte Dimension. Seitdem flüchten wir Woche für Woche in Scharen in unsere heilige Hütte. Aus dem Alltag unseres nicht immer wirklichen Wirkens retten wir uns in die heile, beschauliche Welt der Dörfer und Weiler, um die Chalupas zu bevölkern. Was für ein Kampf der unkämpferischen Tüftler und Bastler, ein Widerstand der Unwiderstehlichen! Nicht einmal die Kommunisten wagten es, das neue Chalupa-Ich anzutasten.

Pakt und Patt der Vor-Wende-Zeit bestanden: *quod caesaris, caesari, quod chalupae, chalupae.* Von Montag bis Freitag tat man so, als täte man, was zu tun ist, von Freitag bis Montag tat man, was zu tun war. Selbst der Genosse Svoboda aus dem Parteisekretariat grüßte hier mit »Guten Tag« und ließ sich *Pan* titulieren, womit wir keinen Hirtengott bezeichnen, sondern einen Herrn.

Hier verwandeln wir uns in jene Pepas, Kajas und Jardas (Josef, Karel, Jaroslav), in Jirkas, Vašeks und Honzas (Georg, Wenzel, Hans), die wir in einer Gemeinschaft von Gleichen so gerne sind, in der den Unterschied festzustellen und festzuhalten die wahre tschechische Kunst ist. Es existieren natürlich Jardas *und* Jardas, Jirkas *und* Jirkas, aber nur für eingeweihte Beherrscher der Geselligkeit, die ab und zu die mürrische Eintönigkeit aufweicht.

Honza und Vašek (Hans und Wenzel) sind nicht nur die häufigsten Vertreter unserer Gattung, sie sind gleichsam Atlanten des Tschechentums. Dem »dummen Honza«, der mit einem dem süddeutschen Zungenschlag abgehorchten »a / o«-Laut in unsere Sprache vorgedrungen ist, möchte ich mich erst später widmen, in dem Kapitel über das tschechische Märchen, in dem er die Hauptrolle spielt. Nehmen wir uns zuerste den »schlauen Vašek« vor. Er ist das ebenso schlagkräftige wie schlitzohrige Urbild, in unzähligen Karikaturen konkurriert er mit dem deutschen Michel. Der erstere mit seinem kugelförmigen Bauernhut mit schmaler Krempe, der letztere mit der bekannten Zipfelmütze sind Prototypen der jeweiligen Innigkeit.

Aber Wenzel ist mehr als diese komische Figur. Er ist Eroberer, Märtyrer, Clown und König in einem. In der Morgendämmerung der Landesgeschichte trugen den Namen ehrgeizige und expansive Fürsten der Urtschechen zwischen Říp und Prag. Mehr Ruhm wollten sie, *více slávy*, mit anderen Worten, den Rest des Landes, koste es, was es wolle.

Und es kostete viel, meistens den Kopf und die Ländereien der Konkurrenz. Dann geschah das Wunder, so nannten unsere noch schlichten Ahnen einen der Störfälle, aus denen die Geschichte erwächst. Einer der Raufbolde schaute sich um und fand die Sitten hinter den böhmischen Bergen milder, wollte nach Europa und fand die Stummen (*Němci*), die Deutschen, in ihrem Stummland (*v Německu*), Deutschland, sprechend. Die Deutschen und Deutschland – unerhört! Er wurde unser schnellster Heiliger. Der eigene Bruder ließ ihn, noch jung an Jahren, erstechen. Die Heiligsprechung war damals noch nicht so bürokratisch – zumal nicht unter unserem Einfluß. Kurzum, Europa merkte sich den Mord und notierte ihn wohlwollend als eine Art Europaantrag. Denn einen, der seiner Bildung zum Opfer fiel, hielt man damals für reif und mutig.

Der Wenzel wurde zu unserem *rex perpetuus*, dem ewigen König, Patron des Landes. Und wir alle wurden sanfter und reifer – und salonfähig. Keine geringe Leistung!

Natürlich mehrte auch der Name selbst seinen Ruhm. Mit einhundertdreiundvierzig Varianten bricht er – selbst in unserer Sprache, die mit Diminutiven und Abweichungen wahrlich nicht sparsam umgeht – alle Rekorde. Véna (Wehna), Venda (Wenda), Venouš (Wennausch), Váša (Wahscha), Vašíček (Waschietscheck) und Vašek (Wascheck) sind die waschechtesten Waschkiaden einer langen, langen Wenzeliden-Dynastie, die sich bis zum heutigen Tag an der Macht hält.

Václav Havel und Václav Klaus, typisch tschechisch, böhmisch brüderlich befreundet, sind ein Beweis dafür. Zwischen einer Brudertat und der Heiligsprechung spannt sich noch immer der schwierige Spagat der tschechischen Politik. Und beide, wie könnte es anders sein, sind standesgemäß mit einer Chalupa versehen. Havel Václav hat sich bei Rübezahl, dem Berggeist des böhmischen Nordens, angesiedelt, Klaus Václav schön kontrapunktisch bei Tábor, einst Hort der Hussiten, als unsere Ur-Urväter noch auf *die* Wahrheit pochten und sie sich mit der Stadtgründung à la Jerusalem zufriedengaben.

Übrigens ist die Geschichte von Havels Chalupa die Krönung der Chalupa-Geschichte. Die Ortschaft nennt sich Hrádeček (Bürglein), und zwischen ihr und dem Hrad (Burg-Hradšin) spielt das letzte Stück des dramatischen Dichters, Häftlings und Präsidenten: »Vom Bürglein auf die Burg und zurück.« Dort, in Hrádeček, wechselten sich die Stasiwächter mit den Bodyguards ab. Dort wurde die Hütte verfemt und geheiligt, verflochten sich beide Zustände ineinander wie Yin- und Yang-Prinzipien des tschechischen Tao. Ein Zeichen unserer Unverwüstlichkeit.

Angesichts dieser Tatsache wage ich es endlich, dir, mein tapferer Tschechenforscher, den heiligen Namen Václav beizubringen. Denn unser Ohr leidet, wenn man ihn verhunzt. Ein verhunzter Wenzel tut uns weh. Es ist kein Wakkelaff. Es wackelt hier kein Affe. Auch handelt es sich mitnichten um eine Watsche. Selbst wenn ich zugebe, daß wir eher eine Watschen- als eine Vendettagemeinde sind: watscht uns nicht mit Watsch-Latten, und macht uns nicht waschlau! Denkt an die *lingua franca* unserer Tage. Bringt uns ein wenig *love* entgegen. Das ist der akustische Kern, ja der tragende Teil des Namens. Den Vorspann besorgt die *Westdeutsche Allgemeine Zeitung*, die *WAZ*. Sie hat sich bei uns längst eingenistet, betreut das größte tschechische Tagblatt. Wenn Sie nach der bekannten Abkürzung greifen, betreiben Sie damit das Lob des eigenen Fleißes, und uns bereiten Sie eine kleine Freude: Fügen Sie einfach *WAZ* und *love* zusammen, und Sie sind am Ziel.

Die Knödelleier

… doch keinesfalls schon in Nepomuk, sondern kurz vor Strakonice auch endgültig aus dem Rauschwald / Šumava raus.

Die Gegend wird rundlicher, die Frauen auch. Der Himmel scheint schwerer auf der Landschaft zu lasten. Doch ist dies keine Gegend der dichterischen Schwermut, der Melancholie. Zwischen der vorhistorischen Gabreta (Šumava) und Stragona (Strakonice?) – Namen, die längst vor der slawischen Landnahme auftauchten – wurden manche Barden geboren, die nicht nur das gallische Sagengut, sondern auch die gallische Galle verspritzten. Unsere Bodenständigkeit hat hier ihren Ursprung. Reinheit und Größe – selbst im kleinsten. Ein bärtiger Skalde aus Vodňany, der seltsamerweise Holeček (Bartlos) hieß, schildert in seinem endlosen Werk »Die Unsrigen« unsere Auflehnung gegen die Verderbtheit des Fremden. Blut und Boden würde man solches in jener Ferne, die er am wenigsten mochte, nennen. Aber auf tschechisch klingt so was harmlos: *půdu a krev!* Die heilige Herkunft et cetera als Begründung der Herrschaft klang fast legitim: Wie ein Fels ragt der tschechische Bauer aus dem stürmischen Meer der Urzeit, wehrt alles ab, was das böhmische Dorf zu bedrohen scheint: die Schwarzen- und Fürstenbergs mit ihrem Großgrundbesitz und ihren Wirtschaftsmethoden, die kleinen Juden wie Heřman Kafka in Osek, die Wucherer und Pfandleiher, die heimtückischen Jesuiten und natürlich die *Praizen* aus Berlin! Arbeit und Scholle, das Volk, das Volk, das Volk.

Die Abtrünnigen – im Lande wie außerhalb – werden generell angeprangert: die den Türken dienenden Bosniaken werden verflucht, da sie (schon damals!) den Heroismus der Serben nicht verstehen, die Tschechen, die auswandern, werden bedauert und belächelt.

Die Heimat war hier reich an Dichtern. Klostermann, Baar, Vrba – in jeder Generation gab es einen. Und alle strapazierten sie dieselbe Masche: matte Spiegel der Teiche, Treue und Trachten. Nur Stifter paßt da nicht hinein – mit seiner Milde und Trauer.

Aber die Schwere hier – sie ist nicht nur Last, sie ist auch Lust. Bibelfeste Böhmen des Südens sind keine kargen Asketen des ewigen Kampfes um die Scholle. Sie wissen, wovon die Schrift kündet, nicht von Knochen-, sondern von Fleischeslust. Es wurde immer auch tüchtig gelebt. Was sich hier ausbreitet – von unten nach oben –, ist kein Trübsinn, keine Depression, es ist eine Art Vorhof der Freude. Man lebt als stiller Genießer. Nur, bitte, nie auffallen. Die Augen des Nachbarn sind stets wachsam und auf der Jagd nach einer sinnstiftenden Anekdote für die wahre Chronik über »Die Unsrigen«.

Erliegen wir nicht den Verführungskünsten der Dichter! Die Moorlandschaft hier ist tückisch wie eh und je. Der Morgendunst die reinste Waschküche, aber zu Mittag und immer nur auf dem rechten Weg, sehen Sie sofort, daß die Tümpel keine »Augen der Erde« oder Tummelplätze badender Feen sind. Sie heißen *rybníks*, sind ganz unromantische Fischbehälter und liefern Karpfen, die wir in der Weihnachtswoche gnadenlos und öffentlich hinrichten.

Immer noch ist es so, daß der tschechische Otto Normalverbraucher, der *český člověk* (ČČ), der tschechische Mensch, der tatsächliche Tscheche (TT) – außer unterm Weihnachtsbaum – kaum Fisch zu sich nimmt. Bestätigt wird diese Regel einmal im Jahr durch eine massenhafte Ausnahme.

Ein zartes Gemüt oder ein überzeugter Tierschützer sollte Tschechien an diesen Tagen meiden. Fischgeruch in den Straßen und Bottiche voll des Fischgesangs nach Morgensterns Muster. Die Mäuler öffnen sich dramatisch und stoßen unhörbare Hilferufe aus, indes die Menge murrt und die Zeigefinger der Tötung sprechen läßt. »Diesen da? Oder den? Das ist ein *Matzeck* (ein starker Bursche), Frau Vomatschka, so haben Sie Schnitzel auch für die Schwiegermama!« Der Holzhammer fällt, das Tranchiermesser schlitzt den weißen Bauch auf. Das Blut sickert durch die Ritzen der Bretter, tropft auf den Schnee, verfärbt ihn, und den menschlichen Mündern entschweben Wölkchen des gefrierenden Atems. Der Tag wird alt, aber nicht fauler.

Etwas Heidnisches schlägt hier durch. Wir fressen uns dem Jahresende näher. Mit ganzer Kraft eressen wir uns das Heil. Nicht umsonst nannten unsere Alten den Dezember *prasinec*, den Schweinemonat. Und nur gezwungenermaßen wurde er umgetauft in *prosinec*, den Betmonat. Ein »o« statt eines »a« schafft Wunder der Frömmigkeit. Sitten hingegen erweisen sich gegen solche Manipulationen als resistenter. Noch an der Schwelle des dritten Jahrtausends seit der Geburt Christi bekommt ein Tscheche aus seinem engeren Freundeskreis Einladungen zum Schlachtfest oder Pakete mit deftigen Sachen, mit *Jelitos & Jitternitzen* (würzige, fette Blut- und Wellwurst), oder einen Topf Suppe, sanft und poetisch Arschbrühe tituliert (*prdelačka*) und ungefähr aus alldem zusammengebraut, was an dem armen Schwein nicht zu verwursten war. »Ich mag dich!« verkündet die Gabe, »werde satt und dicker!«

Der Karpfen, der am Heiligabend die treuen und fastenden Christen belohnen sollte, mutierte zu einem üppigen Ritual der meisten ČČ-TT, das die Ärzte in Bereitschaft gespannt auf Gräten in Hälsen der Enkel und Opas lauern läßt. *Brambori*, Kartoffeln, der Name verrät ihre einstige Herkunft aus Brandenburg, werden geschält, zerhackt und zu einem Salat verarbeitet, der zwar »Welscher« heiße, den Welsche jedoch nie als solchen erkennen würden. Welchen aber ein ČČ-TT mit Wollust verspeist ... Ich übrigens auch.

Paniermehl wird mancherorts noch eigenhändig aus geriebenen Semmeln hergestellt, denn die *Babička*, die Großmutter, hierzulande noch immer die Sippenälteste, traut dem Zeug nicht, das die exotischen Edekas oder Delvitas neuerdings anbieten. Familienrezepte für Fischsuppen werden seit Generationen weitergereicht, und das fertige Produkt, rundum angeboten, motiviert wieder die Mitbewohner, ihre eigenen Kreationen zum Kosten zu schicken. Oder zur Vergeltung? In der Suppe nämlich schwimmen aus unbekannten Gründen – oder aus Reminiszenz an die Sparsamkeit der Ahnen – Teile, die anderswo im Mülleimer landen: Köpfe, Innereien. Es wird serviert und würdevoll gegessen, Nachschub angeboten, und natürlich werden die übriggebliebenen panierten Stücke, vollgesogen mit Schmalz, später wieder kalt offeriert, denn manche behaupten, sie würden dann noch besser, noch saftiger schmecken, ähnlich wie ein gut abgelagerter Käse. Und das Ganze vollzieht sich beinahe an einem einzigen Tag, damit wir uns mit dem unheimlichen Tier der Tiefe und Feuchte nicht in den übrigen Jahresabschnitten beschäftigen müssen. Versuchen Sie mal, einen von uns zum Fischessen einzuladen – außerhalb dieser Zeit. Zwei Drittel der Gäste bringen Sie in Verlegenheit. *Frutti di mare*, Garnelen, ja gar Tintenfische! Mit einem kleinen Bewunderungszwinkern im linken Auge für die Tapferkeit des Fremdlings, der solches verspeist, verweigert sich der Tscheche standhaft ozeanischer Nahrung.

Der Fisch ist uns ein wahrer Widersacher. Er allein hat es geschafft unseren Knödeln zu trotzen. Und das muß teilweise als unser Versagen eingestuft werden – wir haben es bis heute nicht fertiggebracht, ein knödelgerechtes Fischmahl zu ersinnen.

Und das, obwohl unsere Knödel grenzüberschreitend sind. Hier, zwischen Bayern und Böhmen (Holeček, verzeihe!), ist es zu der außerehelichen Befruchtung unserer Knödelkultur gekommen. Irgendwann in der Morgendämmerung des tschechisch-deutschen Neben-, Gegen-, Durch- und Miteinanders müssen wir uns hier irgendwo zum Fressen gern gehabt haben. Denn den tschechischen *knedlík* verdanken wir einem oberdeutschen Koch, dessen Knödel besser geschmeckt haben als unsere *šiška* (Zapfen).

Der ständig wachsame Hus bemerkte das Eindringen des teutonischen Ungetüms und wetterte dagegen. Ein astreines Tschechenprodukt solle siegen! Vergeblich. Hier half kein Eifern. Aus Knödln wurden Knäädl, und mit einem *-ik*, wie *-icus*, wurden sie direkt ins Tschechische eingeteigt, entstanden ist ein *cnoedelicus magnus*, unsere eigene Schöpfung.

Um die eigenen Griesgrame, die Nörgler und Protestler, ruhigzustellen, setzten wir auf den tatsächlich tschechischen Grieß und hatten Erfolg. Auch die Urform – *šiška*, der Zapfen – blieb uns heilig. Es werden hierzulande keine Kanonenkugeln gekocht, nicht die weichen Geschöpfe des Bayerischen Waldes. Das Ovale gaben wir nie auf. Und seither begleitet uns der Knedlík in den schicksalshaftesten Stunden.

Das Fatum mag toben und kochen wie das Wasser, in das wir die Knedlíky werfen. Sie werden nie im Strudel zermalmt, nie in dem Wirrwarr der Dämpfe weggefegt oder zerschmiert. Sondern runder und dicker, lassen sie all das Brausende an sich abgleiten, geben den Elementen nie nach.

Das Runde und Glitschige unseres Knedlíks ist eine so tückische Tugend, daß jeder von uns einmal in seinem Leben – noch bevor er die Kunst des Knödelfangens wirklich erlernte – damit zu kämpfen hatte. Wie bekannt, ist die Kunst, einen Knedlík auf dem glatten Linol der Küche zu bändigen, eines Schlangenbezwingers würdig. Aber dann, geschnappt, auf das Knödelbrett gelegt und dampfend – gleicht er dem Golem. Einem Golem aus Grieß.

Seine Majestät der Knödel hat viele Diener. In einer *mísa*, nichts Mieses, sondern einer Schüssel, wird der Teig lange hin und her geschlagen, gerührt und abgeschmeckt. Traditionalisten meinen noch heute, einzig und allein ein hölzerner Zauberstab in der Hand und keine Maschine garantierte die Echtheit. Nur so erleben Sie persönlich die Beseelung des Knödels. Blasen bilden sich plötzlich auf seiner zarten Pfirsichhaut, platzen, und die Nase verspürt den Geruch unserer tschechischen Hefe und Milch. Zum Zeichen des Respekts und aus Ehrfurcht vor dem Werdegang des Künftigen, stellen Sie die Mísa am besten auf dem Fensterbrett ab und warten eine Stunde.

Die Stunde vergeht, voller Geräusche und Düfte mit der Vorbereitung der anderen Speisen, die sich für heute dem Knödel zugesellen möchten, als wetteiferten sie untereinander um die Ehre, mitverspeist werden zu dürfen. Drei Soßen, rot, blau und gelb bis bräunlich, die unter mancherlei Namen firmieren, aber einheitlich im Geschmack sind, werden wieder bereitwillig irgendeinen gut gebratenen oder gekochten Fleischhappen einweichen. Man spürt den Wettbewerb und freut sich auf den Sieger. Aber der Knödel ist König. Er ist der gnädige Herr. Unter dem Tuch in der Mísa am Fenster, einem Kelch in der Kirche vergleichbar, erlaubt er jetzt, der Semmel beigemischt zu werden.

Er ruhte, atmete, wuchs, und vollkommen geformt gleitet er in das Salzwasser. Daraus auferstanden, liegt er nun unter den Saiten des Schneiders, denn er erträgt kein Schneiden mit Messern, für ihn haben wir eigens diese Maschine erfunden, der Leier ähnlich, auch im Klang.

Die Woche war lang, zog sich hin wie kalter Honig. Die Ereignisse spielten sich wieder so stürmisch ab, wie wir es kennen. Einer »hat« erneut »etwas be- oder verschnitten« und wurde zum Klestil. So bleibt es, wir wissen's. Ein anderer »mußte« mal (Musil) und gab dies als Tatendrang an, ein Sodoma (Sittenstrolch) blieb unerreichbar hinter dem Zaun seiner Hütte. Und einer »kam zurück«, (Navrátil)! So glimpflich scheiterte sein leichtsinniger Versuch, in die Ferne zu schweifen.

Nicht jeder sieht die ganze Dramatik, die in einer solchen Ereigniskette steckt. Einigen ist das zuwenig, sie »platzen vor Wut« – wie Gruša (*to crush*), andere halten das für Langeweile, und die ist bekanntlich Teufelswerk. Diesen Reichtum an Abenteuer muß man zu schätzen wissen. Es ist das Leben selbst und keine Komödie der Kleinen. Wenn schon, dann Commedia dell'arte – fast ohne Publikum, doch mit um so mehr Akteuren.

Wer draußen sein möchte, wird selber für ewig zum Ereignis zu einem Příhoda (Zugestoßenen).

Darum essen wir Knödel, um einen Anker zu haben in unseren böhmischen Teichen der Unauffälligkeit, für diesen Spielraum des stillen Genießens:

> Gelobt seist du also, Knödel,
> der du uns gesättigt und seßhaft gemacht.
> Du großer Humty Dumty
> in unserem Wunderland.
> Bruder der einsamen Tage
> und Herr der Geselligkeit.

> Auch ich verbeuge mich
> und zupfe die Saiten
> des Knedlíky-Schneiders,
> gleichsam der Lyra Appollos,
> das Lied.

Gasthaus und Gotteshaus

Ach, Nepomuk, irgendwie komme ich dir nicht näher. Vor mir liegt Strakonice, auf mir Hašeks Fluch und Segen, Písek, Putim und so weiter, rechts davon Malčín, Vraž und Květová. Hier verheddertе sich der brave Soldat Švejk auf seinem Weg zu den Einundneunzigern, zu seinem Regiment in Budweis. Hier widerstand er dem Angebot, das scheinbar nahe Kriegsende in einem Schober abzuwarten mit einem Deserteur, der dort von seiner Frau versteckt wurde.

Wer weiß, welche Geschichte es zu erzählen gäbe, wäre er dem Ratschlag gefolgt. Statt der Russen in Náchod kam Hindenburg nach Tannenberg und Tarnow, und mancher Schober wurde durchstöbert – mit tödlichem Ausgang. So oder so – der Marsch auf Budweis hätte nicht stattgefunden, und das wäre schade. Denn er gehört zu den schönsten Kapiteln in Hašeks Buch und somit die Gegend hier zu den Geburtsstätten (vielleicht ist sie sogar der Geburtsort) des wahren Duktus der tschechischen Prosa – der *pábení*.

Deshalb schadet es nicht, wenn wir selber jetzt eine kleine Geschichte einschieben (Nepomuk kann noch eine Weile warten) und uns für eine der hiesigen Hospodas enscheiden, für eine Gastwirtschaft. Im Tschechischen hat das Wort etwas Sakrales an sich. Hospoda ist zwar nur das Wirtshaus, aber Hospodin ist nicht der Wirt, sondern der Herr aller Dinge, über Leben und Tod, des Alls und von uns Menschen. Diese sprachliche Nähe deutet schon an, daß wir von einem Wirtshaus Göttliches erwarten.

Natürlich bekommen Sie hier auch Knödel und Bier, in diesem Landstrich sogar Kartoffelklöße, gefüllt mit Schinken, schwimmen diese wahren Beinbeschwerer in Zwiebeln und Kraut. Verzagen Sie nicht, es fängt zwar ähnlich wie Sokrates' Schierling an zu wirken, aber es stoppt bei den Knien, wirkt wohlig, macht seßhaft, und Sie können, in einer Art tschechischen Symposion, dem Tonfall der Sprache lauschen.

Es stimmt nicht, was Fritz Ritter von Orlando Herzmanovsky behauptet, daß nämlich ein Wiener Hofzwerg das Tschechische ersonnen habe. Ein *krschiesch* oder *krziwoprd* (Kreuz- oder Kurvenfurz), zur Belustigung eines schwermütigen Prinzen aus dem Hause Habsburg. Einen Heřmanovský aus Heřmanov dürfen Sie nicht alles abnehmen. Jedenfalls beschrieb er auch die heilende Wirkung der Kur, so laßt uns ihm gnädig sein. Nichts für ungut, Fritz. Du hattest auch recht. Richtig dosiert und in Č-moll moduliert, hält unsere tschechische Sprache Leib und Seele zusammen. In einer Hospoda wird sie mit Vorliebe benutzt, schöpferisch wird hier die Welt, mit Worten geflickt. Ausgebessert, nicht besser gemacht. Angefertigt, nicht fertiggemacht. Nach- und besser erzählt, als … wäre sie nichts weiter als eine unendliche Anekdote, eine Kette, ein Rosenkranz aus *prihodas*.

Hašek führt es vor in seinem *opus magnum*. Aber auch Heřmanovský hat diesen Duktus und Drang, so daß er uns belächeln, aber nicht verleugnen kann.

Man könnte es als Getratsche abtun. Hospoda-Plausch,

Wirtshausgespräche, und dennoch kein Stammtischgerede. Stammtische gibt es durchaus, aber es fehlt dafür eigentlich ein tschechisches Wort, ein Stammgast, *Štamgast,* hat etwas abschätzend Liebkosendes, während der ständige Gast, *stálý host,* wie hochtschechisch klingt, keinen Stallgeruch hat. Stammtische und Bierhallen sind selten. Und Schunkeln, das gemeinsame Schaukeln der Hintern, ist nicht nur unbeliebt, sondern verpönt.

Ein *ČČ* ist kein Kollektivist. Gemeinsam saufen? Ja bitte, aber jeder für sich. Gemeinschaftshumpen machen keine Runde. Gemeinsam singen? Ja bitte, aber zu welcher instrumentalen Begleitung, und wann singe ich vor?! Und immer ist jemand mit einer Harmonika, einer Gitarre oder Geige da, kein Profi, kein bestellter Entertainer, gesungen wird der Reihe nach, wenn jemand ein Lied zum besten gibt und es weiterreicht. Und dergleichen geht auch ohne Noten, erlebt, erzählt, zugehört und geschmunzelt.

Cogito ergo sum, erklärte einst Cartesius, René Descartes, der sein bahnbrechendes Werk *Discours sur la méthode* bei Prag skizziert haben soll. Unglücklicherweise unter Tilly am Weißen Berg. »Ich denke, also bin ich.« Die Selbstvergewisserung der Rationalisten, das gute Gewissen für Autopsien aller Art, für eine Zerstückelung der Welt bis in unsere Tage.

Unser Satz, als stille Rache für die Schlacht, müßte eigentlich »Ich rede, also bin ich« lauten. Das Leben redet die Stücke wieder zusammen. Nach keinem *ordo* der Dinge, aber schon irgendwie in Ordnung. Kaleidoskopisch. Das, was sich da drinnen so tummelt und wälzt, muß nicht immer klar und deutlich, muß nicht immer schön sein, schön ist es aber, alles zu mischen. Schön ist, die Flüchtigkeit der Konfigurationen ein wenig festzuhalten, den Sinn im Unsinn.

Wir *ČČ* sind keine großen Systematiker. Wenn schon einem von uns etwas auf diesem Feld gelingt, so heißt er Patočka, Dünnbierverkäufer. Umwelt und Gott zu deuten, bedienen wir uns meistens Fertigprodukten. Wir schwärmen lieber für anderswo Erdachtes, originell sind wir dann bei seinem Einsatz, so ähnlich wie beim Fluchen. Das Systeme ändernde Babbeln jedoch, das ist unser Werk, das haben wir erfunden, erprobt und angewandt, das hat sich bewährt.

Es ist kein Blabla kleiner Leute, kein seichtes Gelabere, eher eine Mnemotechnik des Unsteten. Und falls die Welt der Fall ist, wie Wittgenstein, ein anderer kakanischer Zeitgenosse von Kafka und Hašek, Hitler und Gottwald annahm, ist dies ein Fall des Fallens: Hrabal, ein Meister dieses Redens und Schreibens, griff, als er es benennen wollte, nach einem deutschen Wort: Das Pábení ist von »babbeln« abgeleitet. Spötter könnten behaupten, wenn bei den Tschechen, diesen Meistern des Imperfektums, endlich mal etwas perfektioniert werden soll, dann greifen sie auf die Deutschen, diese Meister im Perfektionieren, zurück. Aber Hrabal traf nicht nur eine kluge Wahl, er brachte auch dem Prager Deutsch eine kleine Hommage dar, der Sprache seiner Frau, zu der er fand und die in schweren Kriegs- und Nachkriegsjahren zu ihm stand. Diese Huldigung war längst fällig, denn in den Prager Hospodas, Caféhäusern und Weinstuben hatte sich das Reden zum Leben und Leben zum Reden längst eingenistet und war Gemeingut geworden.

Goetz Fehr beschreibt die Blütezeit dieses Palavers in seinem *Fernkurs im Böhmischen*. Mein Schnellkurs für Tschechien kann die Aussage nur bestätigen. Das Pábení ist der tschechische Ableger dieser Saat.

Ein *pábitel* jedoch ist mehr als ein Babbler oder Baffler, so wie ein Hairstylist mehr ist als ein Frisör. Beim Pábení klingt einem Tschechenohr *pohádka* (Märchen), *báj* (Sage) und *baveni* (Schwank) mit.

Hier siegt die Wahrheit nicht. Jedenfalls nicht die politische. Hier spricht kein kollektives Ich, höchstens als Ulknudel. Das Lyrische beherrscht die Bühne. Und wiederum keine Monologe der Monomanie, sondern Solos der Individualität, selbst wenn es Zwergenindividualitäten à la Krziwoprd und Krschiesch sind! Die Chöre brummeln dazu und genießen. *Der* Fall ist meistens Zu-Fall oder Un-Fall.

Natürlich äußert sich auch die Seele oder das Herz. Aber in Gestalt von Kopfschmerzen oder Arhythmie. Und natürlich fällt unter das Pábení auch die Fabel, das Fabelwesen, aber nicht Fuchs, Löwe oder Katze, sondern Herr Fuchs, Herr Löw oder Herr Katz, Vopička, Kocourek oder Karásek. In der Zeit der grenzenlosen Anmaßung des Menschen, seiner Vermassung und Vermessenheit, bringt ein Pábitel wieder das Maß ins Spiel.

Welt der Tiere hieß doch die Zeitschrift, herausgegeben von einem Herrn Fuchs, in der sich der junge Hašek diese Sicht der Dinge angeeignet hatte. Bevor er – wie vielsagend – zum *Das tschechische Wort* (*České slovo*) übersiedeln durfte. Rausgeschmissen, versteht sich. Denn er hatte manches gedruckt, was sowohl das Wissen wie auch das Unwissen nicht hinnehmen wollte.

»Bericht der Akademie« etwa. Aus Königsberg, es ging um die Spuren eines blinden Flohs, belegt und beschrieben von einem preußischen Professor und zu seinen Ehren *Palaepsylla kuniana* genannt. Oder, noch besser, Hašeks Fachnotiz: »Rationelle Zucht der Werwölfe.« Reinblütige Welpen noch vorrätig! Es meldeten sich Interessenten. Ein Lehrer aus Vodňany (unter dem Einfluß »Der Unsrigen«?) hätte gerne ein paar Exemplare gekauft. Da bedurfte es keines »Pythienflohs«, um vorauszusagen, daß der Berichterstatter fliegt. Zum Glück für das tschechische Wort, das somit endlich mal den Holzweg des ewig Unsrigen zu verlassen wagte.

Ich glaube, es geschah hier, bei Strakonice, paradoxerweise mit jenem Irrweg des braven Soldaten, der sich dem Schober in Malčín entzog. Sei es das Kreuz-Segnen der alten Oma oder ihre Brambori-Suppe im Gehölz, Schwejk entschied sich für Budweis und damit für das Pábení.

»Ich rede, also bin ich«, ist letztendlich eine fromme Devise. Denn auch hier ist am Anfang das Wort. Kein Logos freilich, kein Begriff, keine Vernunft oder wie immer man definieren mag. Einfach bloß mein oder dein Gesprochenes und somit Fleisch geworden. Auf deiner Wellenlänge vernehmbar und demnach zum Gesprächsstoff geworden, zum Stoff der Welt, die ohne das blanke Langeweile wäre . . ., falls es sie je wortlos gab.

Ich rede, *ergo sum*, ergo höre ich auch nicht auf, bis auf die Atempausen, die man braucht, um ein Wort zu finden, oder ein anderer, der es bereits hat, eines einwirft. Darum beenden wir so selten unsere Geschichten, wir, die Profis des Imperfektums. Das ist keine Schlamperei, lediglich die Einsicht in das Nicht-Notwendige, diese einzige von uns anerkannte Philosophieregel. Wir mögen keinen festen Rahmen. Ein Rahmen täuscht bloß vor, etwas festzuhalten, was ohnehin nur durch ihn hindurchfließt. Wir halten es mehr mit dem Trichter. Aus diesem Grund sind große Romane bei uns eher Mär, eben Rahmen und kleine Trichter. Wir hören lieber irgendwann auf zu reden – und basta. Das ist die endgültige Phrase. So wie Hašek. Oder Kafka.

Oder wir schreiben *povídkas* – Dahingesagtes –, so heißen Erzählungen auf tschechisch. Lange Povídkas wie Hrabal. Kein Wunder, daß der Surrealismus bei uns so durchgeschlagen hat. Und daß die Geburtsstunde des Pábení zeitlich fast mit der Begeisterung der Tschechen für die Malerei und Architektur des Kubismus zusammenfällt. Auch hier wird relativiert, aufeinander und gegeneinander gestellt.

In der lustig-traurigen Pábení-Fabel wird der tierische Ernst, mit dem sich der aufrecht gehende Affe so gerne präsentiert, in eine Art Lachnummer verwandelt. Man kann sich an die haarige Brust schlagen, soviel man will, nur die Flöhe darin werden bemerkt . . . und das weitererzählt.

Auf den stürmischen Meeren der Worte sind wir die Seefahrer. Entdecker neuer und neuester Kontinente. Das Zustoßende, das Zufällige ist unser Kielwasser. Wir glauben nicht an Kontinente der Gesetzmäßigkeit. Kontinente der Kontingenz sind unser Ziel und Lohn. Und grüßen wir uns in Tschechien nicht wie Seefahrer? »Ahoj, Frantoo, Kajoo und Jardoo« (das »oo« ist Vokativ). Verblüffen wir nicht damit die richtigen Meeresanrainer, Ahoj zur Ankunft und zum Abschied. Im Theater, am Frühstückstisch, im Hotel? Der tschechische Sindbad begrüßt so seine größte Entdeckung, das Weltdorf. Ein bißchen verwundert und ein bißchen stolz sieht er das entstehende *global village* als etwas seinem eigenen Hafen Vertrautes, etwas, das er kennt und worin er eigentlich schon lebt. »Ahoj, Leute«, sagt er, »ich bin angelangt. Wo ist hier die Hospoda und das Pábení?«

Das Pábení macht menschlich. Es gibt Belege dafür. Die Szene mit Hašek und Medek. Nach Kriegsende begegnen sie sich nicht im Gasthaus Zum Kelch, nicht im U kalicha, wie versprochen, sondern in der Unionka, dem Kaffeehaus der Künstler, in dem sich jetzt das ausgelassene und siegreiche literarische Prag versammelte. Frisch zurückgekehrt, schaute sich Hašek, der Geschlagene, dort um. Das tschechische Wort schaute sich die Welt der Tiere an. Der großen Tiere. Und so stieß Jarda auf Ruda.

Jaroslav auf Rudolf. Ersterer, wir wissen's schon, ein Doppeldeserteur, letzterer ein x-facher Held. Beide von der schreibenden Zunft. Hašek, gestern noch Kommissar der Rotarmisten in einem Gebiet (munkelte man) wie Böhmen; Medek, heute General des tschechoslowakischen Heeres. Hašek schon wieder *švorc*, unbemittelt also, auf pragerisch, Medek prahlend im Kreise der Bewunderer, weihevoll, belehrend. Er, der Hagiograph der tschechischen Taten, Hašek, der Tagelöhner des Schreibens und Lieferant von Schwejk, Heftchen für Heftchen. Es war schon unüblich von ihm, sich in der Unionka blicken zu lassen.

»Jardoo!« rief ihm also recht überrascht der General entgegen. »Welcher Teufel hat dich hierhergebracht, alter
Kumpel!? Hast du ein Schwein gehabt. Hätten dich unsere
Jungs in Rußland geschnappt, hätten wir beide am Abend
gezecht und am Morgen hättest du gehangen!«

»Ach, Rudoo«, erwiderte Hašek, »was du nicht sagst! Ich
war in Rußland ein um einiges höherer Herr als du. Aber
hätten dich die Unseren gefaßt, hätten wir am Abend gezecht und am Morgen hätte ich dich laufenlassen ...«

Švanda, der Dudelsackpfeifer

Ein krummer Unruhestifter muß schon etwas geleistet haben, bis er den Namen Krziwoprd tragen darf. Freilich, die Zeiten sind längst vorbei, in denen die Tschechen auch solche Ungetümer würdevoll hinnahmen. Die Anzahl der wohlklingenden »Birkenhains« wuchs ständig. Nur das Wiener Telefonbuch enthält noch den ganzen Namensstolz unserer Vorfahren. Alle die Wosserkas (Scheisser), Pudelkas (Arschlöcher), Ritkas (Vögler) und Gebaks (Ficker) in ihrer Unschuld und Unübersetzbarkeit.

Dennoch ist unser Vorbehalt den Komposita gegenüber keinesfalls Geiz oder Faulheit. Hat der Michel gegen ein Wort wie »Hochhaus« prinzipiell nichts einzuwenden, wird hingegen der Wenzel sofort stutzig: *»A hóchhós ... a hós ví turm? Hac jémant šón xén?«* Und er schreibt weiter nur *věžový dům − tyrmix hós −* so lange, bis sich Hunderte, ja Tausende von »türmigen Häusern« aufgetürmt haben. Erst dann ist er allmählich bereit nachzugeben und macht ein einziges Wort daraus, einen *věžák*, »Türmiger«. Der Einzug in die Hochsprache zieht sich aber hin und ähnelt dem Einzug unserer Heiligen in Himmelshausen.

Hier, vor Strakonice, erhältst du, mein Tschechenforscher, der du unsere Route gewählt hast, die erste Kostprobe. Diese Architektur versucht ziemlich erfolgreich die Schönheit des Landes abzubauen. Diese riesigen trostlos grauen Häuserketten, in keinem Reiseführer ausdrücklich erwähnt, geschweige denn empfohlen, sind doch eine Spezialität. Sie sind der Chalupa ungeliebte Schwestern.

Gottwald, der Diktator des Proletariats, wußte von Anfang an, daß beides, sowohl die Diktatur wie auch das Proletariat, erst einmal geschaffen, aus heimischen Quellen hergestellt werden mußte. Es gab bei uns Bonzen, aber keine Vollstrecker der Weltgerechtigkeit, es gab Industriedörfer, Arbeiterschaft, Belegschaft, aber keine ausgebeuteten, hungernden Massen. Ja Massen ... die waren bei uns irgendwie schon immer Mangelware.

Kein Problem, versteht sich, für Töchter und Söhne der Utopie. Was es noch nicht gibt, darf, muß folglich werden. Man nimmt ein paar Betonplatten, preßt sie aneinander und tut so ziemlich alles hinein, was Land und Leben zu bieten haben: Ärzte und Arbeiter, Pfarrer und Pfuscher, Professoren und Schneider, Balletteusen und Metzger, Dichter und Richter, Konzertmeister und Wachtmeister, Spitzel und Spezis, Schauspieler und Schaulustige. Unterschiedslos pfercht man sie alle hinein, so dicht aneinander, daß jeder jeden riecht, jeder jeden wittert. Man schnüffelt, wo was anbrennt, wer fernguckt. Unter dem Dachdeckel aus Teer sammeln sich einfach alle Ausdunstungen. Ein flaches Dach, das bei Hitze stinkt. Es lockt keinen Vogel zur Rast. Hier ist man wahrlich vogelfrei, kennt keinen, grüßt keinen, sitzt mit keinem beim Pábení. Man munkelt in der Küche, *Check your Czechs carefully*! mit Eingeweihten, die bereits vor der Wohnungstür ihre Schuhe ausgezogen haben, wie vor einer Moschee, Schuhschober der Ehrfurcht. Hier wird das Heim geheiligt. Hier darf kein Schmutz rein.

Hier wird man blau, sauer oder ranzig. In jedem Zimmer

ein blauer Reiter, Fernseher, bei Abenddämmerung gestartet, surren, im gleichen Zimmer, zur gleichen Zeit, etagenhoch hopst und zuckt, flattert der rhythmische Streifen, wird schwach und erstrahlt plötzlich aufs neue. Der blaue Reiter, ein Raumzeitfeger.

Statt eines verwinkelten Straßengewirrs gähnen Aufmarschplätze, ein großes Dazwischen, für uns, das Volk, die Proletarier, bestimmt. Das hier sind keine Städte, nur Siedlungen, arglos so benannt, als hätte man an Archäologen gedacht, die sie dereinst mal ausgraben. *Panelák*, das Plattenhaus, auch für dieses Wort hatten wir zu leiden. Rings um unsere Städte und über sie hinaus, wie hier in Strakonice, ragen die *Paneláks* empor. Mahnmale unserer Einsamkeit. Ihr zu entkommen war Kunst und Glück zugleich. Drei Schlüssel zu besitzen, einen Wohnungs-, Auto- und Chalupa-Schlüssel, war letztendlich die Lösung, die klandestine Art, auf die sich die Panelákproletarier vereinigten.

Selbst eine so behäbige Größe wie Strakonice verließ man übers Wochenende, drängte hinaus und wieder zurück über die Platten. Dabei ist die Altstadt ein Juwel. Die Burg, der Fluß, der Stadtplatz. Besonders die alte Johanniterkommende – unversehrt und einmalig. Im Sommer sitzt man auf dem Burghof, trinkt Bier oder erkundet, was die Freilichtbühne abends anbietet. Mit ein bißchen Glück könnte ein Laienspielverein den *Dudelsackspieler von Strakonitz*, den *Dudák*, darbieten. Schmissig und mit Hingabe.

In diesem Stück findet sich ein so gerüttelt Maß von unserer Selbstdarstellung, daß ich es Ihnen in Strakonice und kurz vor Nepomuk (kein Zweifel, wir pirschen uns ran) nicht vorenthalten darf.

Als Anno Domini 1847, ein Jahr vor der Märzrevolution, die auch an uns nicht spurlos vorüberging, Josef Kajetán Tyl sich hinsetzte, um ein amüsantes Märchen zu verfassen, ahnte er gewiß nicht, daß es einmal zum meistgespielten tschechischen Theaterstück avancieren würde. Begabt und erfolgreich, wollte Tyl auch satt sein. Und die Romantik bot, gepaart mit dem Nationalen, endlich auch den Tschechen Themen und Szenerien zum Mithalten und Mitgestalten. Keine höfischen Schnörkeleien mit klassischem oder klassizistischem Pomp. Die hat uns Tilly mit René Descartes auf dem Weißen Berg wegrationalisiert.

Tja, dieser Weiße Berg und die Schlacht, die auf ihm tobte! Eigentlich nur ein Hügel und ein Scharmützel. Hätte uns damals jemand gesagt, dies sei für Jahrhunderte der letzte Kampfeinsatz unter der eigenen Fahne, wir hätten vielleicht opferwilliger dagegengehalten. Aber man informiert uns ja nie rechtzeitig genug. So legten wir wegen zweier Dorfkirchen los, leidenschaftlich und ohne Überlegung, und bekamen einen kontinentalen Gleichgewichtskrieg, den wir nicht ernsthaft genug führten, solange eine gewisse Hoffnung bestand, ihn nicht ganz zu verlieren.

Die Folgen waren verheerend. König und Glauben waren futsch, nur die Augen zum Weinen blieben übrig. Vielleicht die einzige positiv verinnerlichte Lektion: »Ich denke, also bin ich«, deuten wir seither: »Es gibt mich, weil ich überlege.« Doch auch die Zeit der Kavaliere war bald passé. Die Romantik trat an ihre Stelle.

In einer uns wieder zugewandten Epoche, in der es hieß: »Ich fühle, also bin ich«, fühlten wir uns sofort besser. Jetzt entdeckte man endlich die Sprache des Volkes. Den Hütten verhieß man Frieden, den Palästen Krieg. Und so wurden in unseren Chalupas begabte Jungs wach und beschrieben ihre Gefühle in dem bildhaften und wendigen Idiom ihrer Geburt, das plötzlich seine uralte Schichtung verriet, seinen historischen Reichtum und Wert. Die jungen Autoren sammelten langsam ein Publikum um sich, das sie verstand, mochte und allmählich auch ernährte. Tyl war der erste, der es schaffte, für seine tschechischen Texte ein Gehalt zu beziehen. Nicht, daß er große Sprünge hätte machen können, letzten Endes jagte man auch ihn und seine Wandertruppe über die Haine und Fluren davon, aber immerhin. Er war ein fleißiger Schreiber, Bearbeiter fremder Stoffe, Verfasser von Historienschinken, tschechischer Historie, Reimeschmied volkstümlicher Singspiele. Den *Dudák* schrieb er ruck zuck nieder. Zwei Stunden und fertig. Um keinen Haatschek, keine Tschaarka länger.

Im Ständetheater zu Prag gehörte uns Tschechen als dem unteren Stand des Landes die Bühne nur tagsüber. Abends fuhren die Kutschen vor, galante Herren und Damen in Gala, um den in deutscher oder italienischer Sprache dargebotenen Stücken zu lauschen. Davor aber brauchte man Zeit zum Lüften. Aus diesem Grund ist der *Dudák* kein abendfüllender *Wallenstein* und keine *Letzten Tage der Menschheit*.

Er ist auch kein Schwank, wenngleich Thiel (er hätte genausogut diese Schreibweise seines Namens wählen können, wäre er nicht ein frisch überzeugter Tscheche gewesen) keine wirkungsvollen Stilmittel scheute. Der *Dudelsackspieler aus Strakonitz* ist *národní báchorka*, was man sowohl mit Volksmärchen als auch mit Nationalsage übersetzen darf. Das letztere ist zutreffender.

Er ist so etwas wie ein sinnstiftender Mythos zum Zwecke der kollektiven Identität. Dafür wurde auch das Zauberinstrument richtig gewählt. Den Dudelsack haben wir zwar nicht erfunden, aber gemocht und leidenschaftlich gespielt. Besonders hier im Süden gab es gute Spielleute. Man lud sie sogar zu Krönungsfesten nach Prag ein. Die Przemysliden wollten sie hören, und der alte Haudegen, Johann von Luxemburg, liebte sie. Erst der vom Westen her übergreifende Dur-Drang bewirkte eine Änderung. Blas- und Streichkapellen setzten sich durch. Zwischen Domažlice und Strakonice war der Widerstand jedoch groß. Es bildete sich eine Insel der alten Tonalität, die dafür sorgte, daß wir nur hier eine musikalische Kultur haben, die sich teilweise mit der südmährischen vergleichen läßt.

Um *dudy* attraktiv zu machen, schrieb man sogar eine *selská muzika* (Bauernmusik) für Dudelsack, Geige und Es-Klarinette, zu der gesungen und getanzt wurde. Das sind Lieder, die ein Tschechenohr sofort erkennt. Es »atmet« (*duje*) etwas in ihnen. Worte wie *duše* (Seele) und *duch* (Geist) klingen darin mit. Und natürlich *dudat* (dudeln), worin »saugen« mitschwingt, aber auch »stillen«.

Wir befassen uns nicht von ungefähr mit einem hiesigen Mustermusiker und -tschechen. Aus der Gegend ist uns eine lange Liste berühmter Dudelsackspieler, ja -spielerinnen überliefert, die bis in das 16. Jahrhundert zurückreicht. Ein Name allerdings fehlt darauf: Švanda. Er ist *die* Kreation von Tyl. Seit der Premiere des Stückes bezeichnen sich die meisten Wanderpfeiffer als »Strakonitzer Dudák«. Meistens verstehen sie ihren Job. Wenn Sie ihnen zuhören, können Sie an zahlreiche Vorgänger denken, die in den Dörfern und Städtchen wie Doudleby oder Protivín eine schöne, deftige Musik spielten. Sie können an den Dudák des Infanterieregiments von Písek denken, der für Schlachtlaune sorgte, oder an seine unzähligen zivilen Genossen, die zu lokalen Tanzschlachten aufspielen mußten, verewigt in einem Wappenlied der Dudáci:

> Der Pfeiffer liegt am Boden flach,
> was war es für ein Spiel!
> Ach, lieber Gott, 'nen neuen schaff
> und gib ihm Jahre viel …

Der »Strakonitzer Dudák« hat also eine reale Grundlage und eignet sich somit für einen »sinnstiftenden« Mythos. Dem Stück zufolge stammen wir natürlich aus dem Übernatürlichen. Und haben Frohsinn oder Spaß (*švanda*). Es kündigt uns zwar kein Erzengel an, eine Waldjungfer jedoch läßt das Publikum nicht lange im dunkeln tappen, wessen Sohn der Spielmann sei. Eine sozial denkende Fee aus den Teichen und Tümpeln zwischen der Moldau und Strakonice. Mit Bedacht wählte sie einen Domestiken, dem sie das Findelkind vor die Tür legte. Sie hätte es genausogut bei den hiesigen Schwarzen-, Fürsten- oder Sternbergs hinterlassen können, wäre sie nicht davon überzeugt gewesen, daß die Armen »zufriedener leben als mancher blasse und schrullige Fürst«.

So kam es, daß der tschechische Moses und Herakles ein gewollter Habenichts ist. Ein edler Besitzloser. Dieser Meister Fröhlich oder Herr Spaß ist aber nicht nur mittel-, der ist auch vaterlos. Seltsamerweise erfahren wir über den Vater kein Sterbenswörtchen. In einer Sage der Sinnstiftung taucht kein Erzeuger auf!

Es hat den Anschein, als hätte sich das Land selbst angeboten. Sofern Švanda also nicht direkt von einer kosmischen Kraft geklont wurde, so mußte ihn der *genius loci*, der Tschechentann, die Teiche und so weiter, gezeugt haben. Oder man hielt einen Vater für überflüssig. In unseren matriarchalischen Landen ist eine Mutter zu haben entscheidend. Wie dem auch immer sein mag, eins ist gewiß: Švanda ist Tscheche. Zwischen Domažlice und Strakonice, wo der Dudelsack noch heute pfeift, betreibt er sein Gewerbe: unzufrieden und unglücklich. Er verzehrt sich in Liebe zu Dorotka, doch um sie zu gewinnen, braucht er Dukaten. Tausende! Denn Dorotkas Vater – Jägermeister Hagedorn – schätzt Švandas Armut nicht. Ahnt nicht, daß diese eigentlich Švandas Mitgift ist. Ja, er würde sich eine solche Gabe ausdrücklich verbeten haben. Rosava (Frühtau), so heißt die Mutter, inzwischen zur Mittagshexe degradiert – sie muß also etwas mit einem Menschen gehabt haben, andernfalls wäre die Strafe ungerecht –, wacht aber weiter über ihren Sohn. Und will seine materielle Lage ändern. Wenn er, wie üblich, zum Mittagsgeläute eingenickt ist, spricht sie zu ihm im Traum, statt das Unwesen zu treiben, zu dem sie, wie die anderen Mittagshexen, verpflichtet ist. Sein Fernweh erschreckt sie, dennoch zieht sie vor die Herrscherin des Waldes und erbittet für Švanda den Zauberdudelsack. Und einen Freigang für sich, um den Jungen unauffällig zu begleiten. Mit dem Risiko, versteht sich, noch tiefer in der Hackordnung der Geister abzusinken, falls sie ihre Identität preisgeben sollte.

Dem Dudelsack wurde der komprimierte Feengesang eingehaucht, so daß das Instrument die Leute zum Tanzen, Trinken und Zahlen bringt. Švanda zieht in die Ferne, kommt zu Geld, hat Bewunderer und letztendlich auch einen tschechischen *Zekreteer*, denn die Welt ist voller Tschechen. Der liebe Gott selbst braucht sie, weil die Welt, obwohl seine Schöpfung langsam alt und löchrig wird. Darum schnappt sich der Allmächtige, wenn irgendwo wieder was geplatzt ist, einen von uns und stopft mit ihm das Loch zu. Auch wir sind ein auserwähltes Volk, wir, die fleißigen Weltkugel-Tüftler! Der stolz-bescheidene Tscheche mit dem goldenen Händchen ist der geborene Improvisateur. An unserem Wesen wird zwar die Welt nicht genesen, aber immer wieder von uns ausgebessert und zusammengeflickt wird sie schon! Mit solchem Selbstbewußtsein hätte es Švanda auch ohne den Zauberbalg geschafft, aber mit ihm ist er schier unschlagbar. Eine todtraurige Prinzessin lernt lachen, wird heiter und heiratslustig. Da zögert Švanda ein bißchen – unter dem Einfluß seines Sekretärs –, und die Mutter alarmiert die Dorotka, denn ein tschechischer Odysseus ist ja kein einsamer Globetrotter. Ihm bleibt die Penelope auf den Fersen. Und Švanda, überrascht, zögert noch einmal. Bevor er sich aber endgültig blamiert, erscheint der Prinzessin mächtiger Freier mit seinem Heer, und dem Dudelsackpfeifer pfeift jetzt ein eisiger Wind ins Gesicht. Im Gefängnis wartet er auf seine Hinrichtung, beklagt sein Schicksal und schmäht seine Herkunft, bis die Mutter erscheint und sich zu erkennen gibt. Die Versenkungsbühne öffnet sich, und Švanda, schockiert und erfreut zugleich, hat endlich die Idee, seinen Dudelsack als Wunderwaffe einzusetzen und dem Ruf der Heimat zu folgen. Von Dorotka nun abgeschmettert, verschwendet er sein Musikantengeld so schnell, wie er es verdient hat. Die Wildhexen freuen sich schon auf ihre Beute, ungeachtet dessen, daß unter ihnen die bestrafte Mutter weilt, einzig von der Hoffnung erfüllt, daß die reine Liebe doch noch den Sohn errettet. Und in der Tat, ein letztes Mal erhebt sich das Tschechisch-Weibliche, unterbricht den Totentanz, in den Švanda auf dem Galgenberg um Mitter- und Johannisnacht geraten war. »Fort mit dem bösen Balg!« ruft Dorotka. »Ich werde unsere Obrigkeit um 'ne Hegerei bitten. Und ein paar Striche Feld hab' ich auch!«

»Der Nebel verflüchtigt sich, und nun sieht man ein Gehege mit Jägerhäuschen in der Morgendämmerung.«

Alle sind wieder glücklich. Diese Verklärung der Chalupa in Tyls Regieanweisung gleicht einem Barockfresco der böhmischen Deckengemälde. Der große Donator schenkt seinem Volk die wahrhaft heilige Hütte. Es war ein stürmischer Erfolg, damals am 21. November um vier Uhr nachmittags im Ständetheater. Meine Prager haben mich verstanden, hätte der Autor sagen können. Jedenfalls schuf Tyl einen tschechischen Dauerbrenner und eine Legende.

Ähnlich wie die Zauberflöte ist auch der Zauberbalg von Švanda eine Anleihe bei Wieland. Und wie Schickaneders Text ist auch der von Tyl voller Ungereimtheiten. In unserem tschechischen Fall werden sie von keiner Mozartschen Musik überbrückt. Uns hilft die gute Laune darüber hinweg, ohne die Botschaft zu verdecken: Das Edle ist klein, Talent gleich Pech, die wahre Welt ist unser Dorf, die Teiche, die Wälder, und die Außenwelt ist ein Dschungel. Aber die Mutter als allgegenwärtige gute Fee steht uns stets bei und besorgt Bräute ...

Es stört nicht, daß dieselbe Mutter den Balg besorgt hatte, den der Spielmann soeben verfluchte. Es stört nicht, daß er den halben Tschechentann hätte kaufen können – und seiner Dorotka nicht nur ein Jägerhaus, sondern ein Jagd-schloß! –, hätte er die Hilfe des Zauberinstruments nur ein bißchen klüger eingesetzt. Ist Švanda ein schlichtes Gemüt? Unser Dudák – ein Dämlack? Mitnichten. Er ist ein vom Fremden Verführter. Falle also lieber den heimischen Gal-genberggeistern zum Opfer, als daß du einem fremden Geist opferst.

Außer dem verwünschten Dudelsack finden wir kein anderes Instrument der Kommunikation mit dem Außer-tschechischen. Die Welt tanzt nicht nur nach unserer Pfeife, sie spricht sogar tschechisch. Švanda heuert keinen Dolmet-scher an. Der entlaufene Studiosus, charakterlos und durch-trieben, denn nur ein solcher hält sich freiwillig im Ausland auf, ist ein Impresario. Seine Ratschläge sind durchweg praktikabel. Heutzutage würde man sagen: ein guter Anla-geberater. Alles, was er sagt, schützt Švanda besser als seiner Mutter sprunghafte Ideen. Und dennoch ist er der böse Bub.

Noch in der Vor-Wende-Zeit fragte Milan Uhde, damals Dramatiker und später Parlamentspräsident: »Wie kann man so undankbar sein?« Und schlug vor, den Dudelsack zu re-habilitieren. Ob er sich, nunmehr frei und in seiner mähri-schen Chalupa, daranmacht, einen weltoffenen Švanda zu verfassen? Ich weiß es nicht. Die Švanda-Mentalität steckt uns jedenfalls nach wie vor in den Knochen. Noch immer verlangen wir von einem Außertschechischen einen Beweis, daß er nicht schlecht über uns denkt, erst dann sind wir be-reit, unsere schlechte Meinung über ihn ein wenig abzumil-dern.

Tyl war der erste, der uns den Spiegel vorgehalten hat. Er hat den tschechischen Markt, das tschechische Produkt ent-deckt – unter tschechischen Konditionen. Mal dienten ihm Kotzebue und mal Raimund, mal Bäuerle und mal Nestroy als Vorlagen für seine Farcen, Volksmärchen und Heimat-stücke. Er mischte die tschechische Hefe bei, den »gesunden

Volksverstand, die Eigenart des Volkes« und natürlich das Gefühlsgut der Romantik.

Nicht nur den Švanda, auch die Hymne verdanken wir Tyl. Geboren wurde sie als Lied für ein auf Prager Lokalkolorit, das Milieu der tschechischen Schusterkirmes zu Ostern, zugeschnittenes Singspiel nach Wiener Muster. Ein blinder Geiger fragt: »Wo liegt meine Heimat – ein Augenparadies?« Und gibt sich selber die Antwort: »Dort, wo das Wasser in den Auen donnert, wo in den Felsen summt der Tann …« Die Musik schrieb der Kapellmeister des Ständetheaters, Škroup, ein Mann, der, verkracht mit seinen Tschechen, später in Holland starb, vergessen, verkannt. Melodisch weich, packend ist das Lied, sehr untypisch für das gängig Hymnische. Und Tyl hatte gewiß das Mignon-Gedicht aus *Wilhelm Meisters Lehrjahren* im Sinn, dessen deutsche und tschechische Paraphrasen auch in Prag kursierten. Nun, hier, bei Tyl, ging es nicht um ein entferntes Land der Sehnsucht. »Dahin, dahin, wo die Zitronen blühen und ein sanfter Wind vom blauen Himmel weht.« Unseren Geblendeten sollten endlich die Augen aufgehen, kein Dahin – das große Hier ist zu entdecken. Kein »O Vater, laß uns zieh'n«, sondern »Halt uns fest, o Vaterland!«

Der blinde Geiger Mareš sah doch klar: Hier sind wir wieder wer. Hier werden wir stets wieder wer sein.

Fürs erste mußten wir jedoch eine Pause einlegen, als sich das alte Regime nach 1848 abermals erholte. Tyl büßte seine Stelle ein, die Aufträge wurden gestrichen, und vor ihm lag seine letzte Durststrecke. Da kam der Direktor des Ständetheaters, Hofmann, darauf, den Dudelsackspieler auch deutsch anzubieten. Schließlich hatte man in die Dekorationen und die Ausstattung sattsam investiert, damit könnte man jetzt die Kosten abtragen. Kein Problem für den gutmütigen Doppelsprachler. In seinem alten Vertrag hatte er sich verpflichtet, zwei tschechische Stücke und sechs Übersetzungen aus der Wiener Küche – pro Jahr! – zu liefern.

Er machte sich sogleich an die Arbeit. Doch im zweiten Akt brach er ab und erklärte den Versuch für gescheitert. Denn – so ist überliefert – er habe erkennen müssen, daß in der deutschen Sprache »die edelreine Tschechenfrucht an Durchschlagkraft verliere, ja ihre Eigenart schwinde«.

Nun, das stimmte höchstwahrscheinlich. Erstens war der Stoff, wie angedeutet, nicht ohne Väter. Zweitens, um origineller zu wirken als die Vorlagen, hätte er vielleicht zur Abwechslung eine Mundart wählen müssen. Eine deutsche freilich. Aus der Stadt Katzenellnbogen etwa. Da hätte sich das Stück ungefähr so angehört:

> Unsa Magt die Dorotee,
> siz im Fenza unt fängt Flö,
> unsan Weiha damm
> do kumma all uobent zusamm,
> do setzma uns nida
> unt singa uns Lida
> nuocha genma haam ...

Da hätte die Dorotka / Dorotee Fleisch und Blut bekommen.

Als genau nach einem Jahrhundert das Ständetheater in Tyl-Theater umbenannt wurde und jahrzehntelang diesen Namen trug, schien es manchem bei uns nicht absurd. Doch gegen *Don Giovanni* anzutreten, war bestimmt nicht die Absicht von Tyl gewesen. Und der Musiker Švanda hätte es sich nicht angemaßt, einen Mozart zu verdrängen. Letztendlich war er bereit, den Teufeln aufzuspielen, wenn auch nicht mit ihnen zu spielen.

Nepomuk

In Tschechien machen wir nie etwas auf Teufel komm raus. Jedenfalls keine wichtige Sache. Der Teufel ist – wie gesagt – längst unter uns. Domestiziert, ein Hausteufel, Alltagsbub statt Beelzebub, ein *český čert*, ein tschechischer Teufel, wiederum ein ČČ oder ein TT (*český člověk*, tschechischer Mensch, tatsächlich Tscheche). Ebensowenig wie der ČČ auf das Gute an sich schwört, wird der tschechische Teufel das Böse als absolutes Prinzip verehren. Allenfalls vertritt er es ausgesprochen lau. Er läßt sich lieber nieder, wird Schmied oder Pferdehändler, heiratet oder wird von einer Katscha, die verkündet, ein solcher Gatte sei besser als keiner, zur Ehe genötigt.

Der tschechische Teufel schließt schlechte Verträge ab. Ein tatsächlicher Tscheche schafft es nämlich fast immer, sich aus einer Kalamität irgendwie herauszuwinden. Falls Faust wirklich ein Herr Šťastný / Faustus aus Kutná Hora war, hätte er leichtes Spiel gehabt, den Mephistopheles zu übertölpeln. Aber der faustische Mensch ist nicht unser Thema. In unseren Volksstücken oder Puppentheatern taucht keine Margarete auf, dafür aber das Pimperle oder Kasperle mit seinem ewigen Kommentar der Geringschätzung. Und selbst in der größten tschechischen Faustiade, geschrieben kurz vor der Wende von Václav Havel, klappt das mit dem Bösen nicht. Der Faust heißt Foustka, Mephisto Fistula, und beide machen eigentlich gemeinsame Sache.

Darum müssen wir endlich nach Nepomuk und zurück in die Geschichte, damit der Teufel an Härte gewinnt …

Früher, als es bei uns nämlich noch Höllenmänner voller Kraft und Schwefel gab, hat einer von ihnen hier vor Nepomuk den heiligen Adalbert gequält, als er zum zweiten Mal nach Prag wollte, auf seinen Bischofsstuhl, von dem wir ihn vorher heruntergeekelt hatten. Irgendwie konnten wir ihn nicht liebgewinnen. Gehörte er doch nicht zu uns, den Wenzeliden. Und war ein Angeber. Als Mitglied der Slavník-Sippe war er nicht nur reich, sondern auch unabhängig und prahlte mit seiner Weltkenntnis. Er besuchte fremde Schulen, parlierte mal so, mal so, aber nicht tschechisch. Er sprach einen Slavník-Dialekt: böhmisch-kroatisch. Wir verstanden ihn zwar, der Unterschied war nicht größer als heutzutage zwischen Serbisch und Kroatisch. Aber der Haß gab dem kleinen Unterschied Gewicht.

Und wer weiß, ob wir unsere Sprache Tschechisch nennen würden, hätte sich Vojtěch durchgesetzt. So nannten wir ihn, so nennen wir ihn noch immer. »Heer« (*voj*) und »Freude« (*útěcha*) verbinden sich zu dem Namen. Freude hat Vojtěch wenig gehabt. Und unter »Heer« verstand er eher die himmlischen Heerscharen. Bei den Ottonen, Piasten und Arpaden fühlte er sich wohler als beim Wenzelgeschlecht. Er wurde unser erster Europäer. Magdeburg, Aachen, Paris, Rom, Gnesen und Gram, von keinem Tschechen ist überliefert, er hätte sich zu dieser Zeit für derlei Adressen interessiert. Aber auch Vojtěch – wie Václav vor kurzem – wollte seinen Landsleuten Milde und Maß verpassen. Mit Polen und Ungarn sollten wir nach Europa! Möglicherweise war er zu rigoros. Einige Tschechen von Stand lebten noch immer vom Menschenhandel. Unfreie durfte man verkaufen wie Tiere.

Wir waren hartnäckig, äußerte sich ein Chronist, frönten der Wollust. Vielweiberei, Verwandtenehen und Anarchie waren gang und gäbe. Christliche Festtage äußerlich einhaltend, lebten wir weiter nach den eigenen althergebrachten Regeln. Öffentlich gaben wir uns der Völlerei hin, Priester heirateten ungeniert ... Selbst wenn ich den Zweck dieser Worte, den Kontrast zwischen dem Heiligen und Unheiligen herauszustellen beiseite lasse, muß man doch einräumen, daß wir uns damals in Sachen Lebenskunst sicherlich ein wenig zu stark spezialisierten und dem Berichterstatter die Parteinahme erleichterten.

Das erste christliche Millennium mündete, ähnlich wie unser zweites, in eine politische und kulturelle Entscheidung von großer Tragweite. Es ging um die Frage, wo der Westen Europas ende. Der Kaiser und der Papst, die mächtigsten Wessis von damals, meinten, die Tschechen, Polen und Ungarn gehörten eigentlich dazu. Natürlich wollten auch wir dabeisein – unter gewissen Konditionen. Ein bißchen Unzucht und Menschenhandel, was ist schon dabei? Die Scheinheiligen tun's doch auch. Als wir den Vojtěch das erste Mal verjagten, war uns noch nicht bekannt, daß der Kaiser ihn duzte und der Papst ihn bewunderte. Wir hatten nur sein ständiges Meckern satt. Und wäre er selber nicht derart starrköpfig gewesen, hätte die Causa glimpflich enden können. Riet ihm nicht selbst der Papst: »Mein Sohn, wenn sie nicht auf dich hören wollen, laß sie dumm sterben, bleibe bei uns, die wir ein heilsames Leben führen ...?« O nein! Er mußte noch einmal zurück.

Und reiste durch die Gegend um Nepomuk, die ihm ihre erste Erwähnung in einer Chronik verdankt. Hier unter dem Grünberg, dem Felsenhut mitten in den Wäldern, durfte er das letzte Mal ruhig schlafen. Das Gebiet gehörte den Slavníks. Drüben aber, unten am Bach, saß schon der

TT als tatsächlicher Teufel, das Land der Tschechen im Rücken, und grinste ihn an.

»Na, wohin des Weges, Vojtěch-Adalbert?! Dreh dich um, hier bin ich der Herr und nicht dein Weihwedel!«

Tief holte der fromme Mann Atem, er ahnte schon, der schwerste Gang stand ihm noch bevor. Auch die Steine im Bach spürten den inneren Druck. Gottesfürchtig – als wären sie Wachs – gaben sie unter Vojtěchs Füßen nach. Heute steht an dem Ort eine Kapelle, die seinen Fußabdruck bewahrt. »Adalbert, bete für uns!« bittet die Inschrift über der Tür.

In Prag blieben wir unnachgiebig. Bald waren wir Vojtěch wieder los. Und als er bei seinen Polen, Ungarn oder Welschen Wunder vollbrachte, belagerten wir die Burg seiner Sippe, ermordeten alle und legten alles in Schutt und Asche. Ausgerechnet am Wenzelstag, dem 28. September, wenn die Zwetschgen reif sind, Wespen rings um das Fallobst schwirren und die Sonne das letzte Mal sommerlich strahlt.

Die Botschaft war klar: Wir frömmeln nicht, hier herrschen die Wenzeliden, sage die Welt, was sie wolle.

Vermutlich beschäftigten uns damals die Zwetschgen mehr als Zwischenbilanzen und Zwischentöne. Der zweite Bischof von Prag verhalf – bevor er seinen Märtyrertod bei den Borussen fand – Gnesen und Gram zum Erzbistum, die ansässigen Fürsten erlangten Königstitel, Macht und Würde. Wir dagegen warteten unerschütterlich dreihundertfünfzig Jahre auf den eigenen Erzbischof und hundertundfünfzig auf den König in Prag. Dabei hatte uns der Landsmann noch vor Schlimmerem bewahrt, indem er auf der Suche nach einem passenden Tod nicht uns für die blutige Tat erkor. Nicht auszumalen, was geschehen wäre, hätten wir ihm noch diesen letzten, ehrgeizigen Wunsch erfüllt!

Damals hatten wir ziemlich viel Zeit zum Nachdenken.

Über Wenzel, die Slavníks, die zahlreichen Herbste mit der Zwetschgenernte. Gut möglich, daß wir darüber die Buchteln erfanden, die Mehlspeise dieser Kirmestage. Ganz gewiß wurden sie hier im Süden kreiert, als die Erinnerung an die beiden Morde in eins verschmolz und der Tag zum Tag der tschechischen Einheit wurde … Da aß und trank man wieder unbekümmert, mit der guten Begründung, es geschehe zum guten Zweck.

Ein bißchen Inspiration brauchten wir schon. Es kamen Leute aus Bayern, Mönche, nach Nepomuk (dem heiligen Vojtěch zu Ehren), die wohl etwas »Wuchtiges« gebacken haben, ein Stück Teig mit Wucht auf die Arbeitsplatte geworfen, rund geformt, gehätschelt haben. Wenn nicht alle Zeichen trügen, so waren es die Form und die Gründlichkeit der Vorbereitung, die uns faszinierten. Auch der Glaube geht durch den Magen, in jedem Fall verfestigt er sich schneller, als nur mit Fasten, Mahnworten oder Flüchen.

Der erste »Wuchtelmann« sammelte so manche Tschechen um sich. Jawohl, Tschechen, denn nach dem Ende von Slavníks Geschlecht ging es mit unserer Identität sehr schnell voran. Sie schauten zu, sogen begierig den Backdunst der wuchtigen Dinger ein, und hört, hört, sie lobten den kreativen Deutschen. Bis jemand – gewiß einer der ersten hiesigen Weltkugelflicker – sagte: »Gut, lieber Mann, ja exzellent … Da fehlt aber was …« Sprach's und griff sich eine Zwetschge am Wenzelstag, legte sie in die Mitte und meinte: »Dies ist die Buchta, die meine ich.«

Natürlich blieb es nicht bei der Zwetschge. Bald gab es Quark-, Mus- (*Povidlatschka*) und Mohnbuchteln. Aber die mit Zwetschgen waren bestimmt die Uraufführung und schmecken noch immer am tschechischsten.

Ich wette, daß auch der junge Jan Velflín, der spätere Johann von Nepomuk, mit einem echten böhmischen Buchtelknüpftuch nach Prag zog. Denn eine tschechische Mutter – und er, der Nachkomme deutscher Nachzügler der Zisterzienser, soll eine solche gehabt haben – hätte ihren Sohn nicht buchtellos in die Welt ziehen lassen. Und ihn lockte die Welt. Er folgte dem Ruf, sobald er sich an der Karlsuniversität ein wenig etabliert hatte. Ganz arm kann er nicht gewesen sein, der Dorfrichterssohn, oder nicht ohne Freude und Unterstützer. Dies wiederum spräche für eine große Begabung. Auch soll er schön gewesen sein und schmächtig. Irgendwann wird man ihn aus seinen so schrecklich zugerichteten Knochen am Computer rekonstruieren können.

Ioannis, *Velfini filius* und *transmontanus* – der Hinterbergler – freute sich zunächst des Lebens in Padua. Beliebt und freigebig muß er gewesen sein an dieser Universität, denn einen Misanthrop und Geizhals hätte man nicht zum Rektor gewählt. Er mochte das Land am Meer. Erst nach fünf Jahren kam er zu uns zurück, mit fünf Sprachen ausgerüstet, und machte Karriere als Generalvikar und Beichtvater der Königin. In dieser Eigenschaft geriet er bald in die Querelen zwischen konkurrierenden Päpsten und dem König und erlitt einen Ritualtod an Stelle seines Dienstherrn, des Erzbischofs von Prag.

Nichts deutete darauf hin, daß er in eine jahrhundertelange ideologische Schlacht zog. Und dies gegen einen anderen Prager, den er im Gedränge der Stadt höchstwahrscheinlich gegrüßt hatte. Oder Hus ihn, denn er war jünger und nicht ohne Interesse an Menschen, die sich emporarbeiten. Aber bei Hus findet sich kein Wort über den Tod Nepomuks. Obwohl ein eigenhändig folternder König selbst in jenen rauhen Zeiten beeindrucken konnte. Vielleicht war die Geschichte für Hus nur skandalös, entbehrte jedoch einer höheren Prägung. Es ging um kein Gottes-, sondern um ein Menschengeheimnis. So verschonte der Sittenprediger diesen König, dessen Untaten Weltniveau erreichten, besonders nachdem das Heilige Römische Reich ihn uns zurückgeschickt hatte. Ihn, den einzigen Wenzel auf dem Kaiserthron, abgesetzt und zurückbefördert, ein Muster ohne

Wert! Wie sollte Hus ahnen, daß er der Nachlässigkeit dieses Mannes den Scheiterhaufen zu verdanken haben würde, wie der Nepomuk dem Tatendrang des Königs die Folterleiter.

In der Ära der tatsächlichen Teufel hierzulande bemühten diese sich klassisch, als »Teil von jener Kraft« zu wirken, »die stets das Böse will und doch das Gute schafft«. So haben wir zwei Heilige von Weltrang. Einen, der für sein mutiges Schweigen starb, und einen anderen, der tapfer Rede und Antwort stehen wollte. Reformation, Gegenreformation der früheren Jahrhunderte, Nationalisten und Nationalsozialisten der jüngeren Vergangenheit spielten diese beiden gerne gegeneinander aus. Es stellte sich heraus, daß beide unsterblich sind. Der erste, weil man *der* Wahrheit irgendwann folgen muß, der zweite, weil man sie letztendlich nur einem einzigen anvertraut. Denn kollektiviert man die Wahrheit, so wird sie blutig, geht fremd.

Wie in Nepomuk bald nach dem Tod der beiden Jans geschehen, als der Wahrheitsvollstrecker Žižka, der dritte ruhmreiche Jan dieser Gegend, das Zisterzienserkloster stürmte und dessen Mönche – hundert an der Zahl – als Ketzer verbrennen ließ.

Fahren Sie einfach an der Fußabdruck-Kapelle vorbei, durch das Wäldchen zum Teich, über eine Brücke. Eine Bilderbuchlandschaft. Sie landen in einem Ort namens Kláster (Kloster). Vom Kloster selbst blieb nur eine hohe Mauer mit Zacken übrig. Ein runder Platz mit einer Hus-Gedenktafel in der Mitte. Ein Laden und die aus den Trümmern der Vorgängerin gebaute Kirche. Hier brannten die Mönche und schauten zum Himmel empor. Das tschechische Himmelshausen gab es damals noch nicht. Besser gesagt: Es befand sich soeben im Prozeß des Werdens. Kann sein, daß die Mönche es bereits mit ihren Augen fixierten. Da, über dem Grünberg.

Heute, nach sechshundert Jahren, sollte eigentlich einer

der himmlischen Tische auch für die Mönche bereitet sein. Mit Buchteln natürlich, Knödel und Bier. Seitdem Hussens Chancen auf das römische Gottesreich gestiegen sind, kommt man sich im tschechischen Himmel näher. Manches erscheint in anderem Licht und wird milder erzählt. Über den Johann unten aus der Stadt hört man lobende Worte. Ein toller Bursche! Wie? Das rechte Schulterblatt zweimal gebrochen? Der Kiefer entzwei. Tritte und Schläge. Nein, das hat er nicht verdient ...

Soviel Mitleid läßt nicht mal einen echten Heiligen unberührt.

Dem *coelum* entgeht nichts. So erhebt sich der Nepomuk und sagt: »Ich gehe zu meinen Tschechen.« Er erkennt sofort die Gestalt des Berges, auf dem er als Kind oft spielte, wieder und klopft an die Tür und bleibt breit auf der Schwelle stehen. Der überraschte Hus aber lächelt plötzlich und ruft: »Grüß Gott, Honza, schön dich zu sehen, alter Junge! Dein Unglück dauerte mich. Wärest du damals bei mir eingekehrt, hätten wir am Abend gezecht und am Morgen, am Morgen hätt' ich gebetet ...«

»Honza«, erwidert Nepomuk, »ich war ein hochmögender Herr in Prag. Mit einem bißchen Glück hätte ich unter den Konzilsherren sitzen können. Doch hätte ich gehört, daß du in Konstanz weilst, wäre ich zu dir geeilt, hätte kein Glas Bier oder Wein mit dir geleert, sondern nur gesagt ... die Zeit drängt, es wird gefährlich – weg, Honza, nichts wie weg hier. Wir sind ein Konzil und keine Disputgemeinde an deiner Uni!«

Standbild für einen Fälscher

Ach, dieses Nepomuk. Das Städtchen ist erst mit Johannes'
Ruhm wieder erwacht, das Schloß, einst sein Mittelpunkt,
wirkt nun eher wie eine Wunde. Die deutsche Wehrmacht
hatte es zur Kaserne umfunktioniert. Die Tschechoslowakei
übernahm es und ließ es verfallen. Heute ist es unzugäng-
lich, wenn auch hoffentlich nicht ganz hinüber. Aber selbst
als Steinhaufen würde es noch beeindrucken! Welch eine
Kulisse für das Denkmal, das mir am Herzen liegt!

Niemand nämlich kennt den zweiten Märtyrer von Nepomuk, den zweiten Schweiger aus dieser Gegend. Befände
sich über dem Schloßhügel wirklich Himmelshausen, so
müßte dort Josef Linda seinen Platz haben. Wegen seines
irdischen Leids unter uns, seinen Landsleuten, wäre das nur
recht und billig. Er dachte an unsere Größe, weil er um
seine eigene wußte. Kurzerhand beide zu verkünden wagte
er aber nicht. Seine Umgebung war durch und durch dörf-
lich, kleinstädtisch, kleinkariert. Darum sehnte er sich zurück nach der Zeit der Ahnen, träumte von Ehre und Macht
in der geheimnisvollen Vergangenheit der Tschechen. Er
forschte nach inhaltsschweren Namen, hinter denen sich Sa-

gengestalten verbargen. Nicht nach solchen wie Nepomuk, aus dem kaum etwas herauszulesen war. Was ist schon ein *muk* im Tschechischen? Entweder nichts oder eine Anekdote. Ein bißchen was von »Marter« oder »Mucks«, »Pein« oder Stillhalten« klingt mit in mucksmäuschenstill.

Volksetymologien! Das käme höchstens dem heiligen Johann zupaß. Nicht aber Linda, der Kämpfer und Skalden, Seherinnen und Fürstinnen suchte.

Dabei hätte er aus dem Wortungetüm Nepomuk möglicherweise mehr Sagenstoff gezogen, hätte er die Vorzeit vortschechisch verstanden. Im nebulösen *Nepo* steckt *nab*, *neb* oder eben *nep*. Nebel und Feuchte einer sumpfigen (*muk*) Gegend. Kein »Nich-Marter-Dorf«, kein »Nich-Mucks-heim«, wie sich die tschechischen Volksdeutungen anhören, sondern Auensümpfe oder Feuchtwiesen voller Muck-en. Ein Ort, den man bis heute so erleben darf. Linda aber hielt Ausschau nach Perun, dem Donar der Slawen, ein Neptun, ein noch älterer Gott anderer Völker fiel ihm nicht ein.

Freilich liebte auch Linda, unser erster und echter Romantiker, die hiesigen nebligen Moore. Das kalte und helle Sonnenlicht an herbstlichen Tagen. »Lichtkranzmonat« heißt der September auf tschechisch. Die Sonne wird blasser, aber nicht kraftlos, strahlt mit innerer Glut. Der »Brunstmonat«, Oktober nämlich, mündet dann ins Nachdenken, in die Ernüchterung, ja in den Trübsinn des »Blätterfalls«, wie der November sich nennt.

An solchen Blätterfall-Tagen lief Linda mit seinem Schulranzen, Schiefertafel und Schwamm am Bändel hier entlang, voller Stolz auf die Gegend und ihre Sprache. Auf »Schwälbchen« und »Stäbchen«, die er um nichts in der Welt gegen das »ß« oder den Doppelpunkt über Vokalen (unerhört!) tauschen würde. An den Gymnasien versuchte man damals, uns die tschechische Schreibweise zu verbieten, manchmal mit dem Hinweis, hinter den komischen Zeichen, Doppelpünktchen, Bandwurmworten und Endlossätzen verberge sich, was die Haatschecks und Tschaarkas nicht zu bieten hätten.

Freche Behauptung! Linda, und mit ihm viele Zeitgenossen, waren empört. Auf der Suche nach Großem bei uns lasen sie alte Bücher und wühlten im Alttschechischen. Man »fong on Lida« zu sammeln, im Sinne Herders, der meinte, das Volkslied sei das Gut, in dem sich das Wahre, Ursprüngliche und Reine am längsten halte. Ein Ausnahmedeutscher, beweisen wir also, daß er nicht irrte.

Die über dem Grünberg aufgehende Septembersonne besaß die Macht, nicht nur das Greifbare sichtbar zu machen. Auch das Versunkene kam ans Licht. In Linda regte sich die Vorzeit, er sah Sagengestalten, Menschen und Götter. Perun und Triglav kamen zum Frühstück, sprachen das älteste Tschechisch, sangen alte Weisen. Aiolisch, womöglich in Moll! Vor allem aber erzählten sie ihm das »Nicht-zu-Ende-Gesagte«, das ihn so quälte, als er darüber in den Chroniken las. Der Apfel der Erkenntnis war dort nur angebissen.

An solchen Tagen fühlte er jedoch dessen ganzen nahrhaften Saft. Im Heidentum lag die tschechische Stärke. Tschechenheroen bevölkerten einst das Land, verteidigten Prag wie die Homerischen Helden Troja. Der Vyšehrad, der Burgfelsen über der Moldau, war ihre Akropolis. Matte Figuren wie Nepomuk, Stützer des Gehorsams, lockten Linda nicht. Reden sollten die Recken. *Ad maiorem gloriam Czechiae.* Denn Bohemia, das Heim der Boier, war seinerzeit nicht in. Vor uns Tschechen gab es nicht viel, und das Bißchen war nicht groß.

Lichtkranz über dem Heidentum taufte Linda seinen Erstling und wurde damit gerühmt. Mit Neunundzwanzig schon ausgereift patriotisch. Gewandt, eloquent, mit vielen gelungenen, besonders lyrischen Passagen. Gewiß wäre er mehr gefeiert worden, hätte es nicht zwei Jahre zuvor zwei große

Entdeckungen gegeben: zwei Handschriften aus der Morgendämmerung unseres Seins. Sie gaben ausführlichere Kunde über Leben und Wirken der Prophetin und Stammesfürstin Libussa als die bis dahin bekannten Texte. Und neben ihr tauchten Titanen wie Lumír, Čestmír, Záboj, Libor, Ludiše und andere auf. Plötzlich kamen auch Ajax, Salomon, Roland und Cid in zwei halbwegs erhaltenen Resten eines noch größeren Schrifttums zum Vorschein. Wie sollte da ein Erstling mithalten können? Wie konnte *Lichtkranz* mehr sein als ein Abglanz und Abklatsch dieser wahrhaften Größe?

Darüber hätte Linda noch lachen können. Er selbst hatte im Jahr 1816 im Einband eines uralten Buches ein wahres Meisterwerk gefunden. Auf der Rückseite des Vorsatzpapieres entdeckte er das *Vyšehrad-Lied*. Melodisch, erhaben, erotisch. Und dies, bitte, in einem Folianten, der gelegentlich als Stütze und Unterbau herhalten mußte in seiner Prager Wohnung, die er mit einem gewissen Wenzel Hanka bewohnte. Beide schwärmten für große Taten großer Menschen.

In einer Zeit, in der auch nüchterne Geister bereits in Napoleon den Weltgeist zu Pferde sahen, war das nicht überraschend. Kurz zuvor hatte Kleist das Prager Auditorium mit seiner *Hermannsschlacht* begeistert. Wie einst die Germanen die Römer, so werden die Deutschen die Franzosen schlagen! Die Helden von einst beseelten die heroischen Geister der Gegenwart. Hatten Linda und Hanka dieser Lesung beigewohnt? Kaum anzunehmen, daß ein solches Ereignis auf die jungen Literaten ohne Einfluß geblieben wäre. Besannen sich nicht die Deutschen ebenfalls im Überschwang der patriotischen Gefühle auf die *Nibelungen*? Und vermutete nicht der große Herder bei uns, den Slawen, große Werke?

Es ist heute kaum auszumachen, wer die Idee gebar, diese Werke zu liefern. Höchstwahrscheinlich Hanka oder mehrere aus dem Kreis der begeisterten Studenten der tschechischen Sprache, die sich um Dobrovský, den Gründer der neutschechischen Grammatik, scharten. Fünf, sechs Namen gehören dazu. Eins jedoch scheint unwiderlegbar: Ohne Lindas Talent und Hankas Fälscherbegabung hätten die Texte kaum ihre Wirkung erzielt. Und ohne diese Wirkung hätte es nicht beinahe ein Jahrhundert gedauert, bis man sie ablehnte. Es war glänzend inszeniert. Alttestamentarisch abgeschaut. Das 2. Buch der Könige erzählt, daß ein Hohepriester namens Hilkia, 622 vor Christus, beim Aufräumen im Tempel von Jerusalem ein uraltes Buch der Gesetze gefunden habe: das Deuteronomium! Ein Epos, das ein verheistes Land verheist, in einem unruhigen Gebiet, in dem verschiedene Stämme konkurrieren. Die Bibelforscher sagen heute, daß auch damals die Tinte dieses Tempelfundes kaum getrocknet war, da der Zweck die Mittel heiligte, und der Zweck war die Einzigartigkeit und Einmaligkeit in das Vergangene verlagert. Und somit auch für die Zukunft gültig. Und so auch Hanka, Lindas Zimmergenosse: Um 2442 Jahre später fährt er in die Ferien in seine Geburtsstadt und stöbert im Tempel seiner Messdienerzeit, in der schönen Kirche von Johannes dem Täufer – und wird heilig fündig. Diese alten Schriften! Dieser Glanz und Ruhm! Auch der des Entdeckens – sie lassen keinen unberührt. Die Angriffe und Rückzugsgefechte des nationalen Stolzes, die chauvinistischen Ausfälligkeiten gegen alle, die es wagten, an der Echtheit der Werke zu zweifeln, waren lang und erschöpfend. Sie boten Stoff für persönliche Dramen, wissenschaftliche Kompendien und politische Karrieren. Es war ein grandioser Betrug, klug durchdacht und kühn durchgeführt. Vielleicht *der* Betrug der Weltliteratur.

Schon das erste Echo überwältigte. Möglicherweise waren die Initiatoren selbst über ihren Erfolg verdutzt. Man lobte die unbekannten Genies der Frühzeit und schmeichelte den jungen Wissenschaftlern der Neuzeit, die diese

Entdeckungen durch ihren Fleiß ermöglicht hatten. Hanka gab sich bescheiden, gleichsam wie in der Hospoda seines Vaters servierte er jedem nach seinem Geschmack. Bald stapelte er sich zum Kustoden des Landesmuseums hoch und spannte Linda seine Freundin aus. Jetzt kümmerte er sich endlich um die tatsächlichen Denkmäler des tschechischen Schrifttums.

Als junger Mann schmiedete er einen Reim auf das tschechische Glück: »Ich baue mir ein Häuslein klein, bescheiden auf dem Pfahle« – mit Gartenlaube, versteht sich, und Bank im Schatten des Rebstocks … Es wurde zum Volkslied. Zufrieden saß er vor dieser Chalupa bis zu seinem Tod und drehte vergnügt die Däumchen. Er, der Entdecker, der Stifter unseres Stolzes, wehrte erfolgreich die ersten Verdachtsmomente ab, darunter auch die von Dobrovský, in dem er nun »diesen grimmigen Greis« sah und »eigentlich keinen gebürtigen Tschechen«.

Linda dagegen war mürrisch und litt. Er, der sich in der Tat als Schöpfer »jener kristallischen Œuvres« fühlen mußte, wurde als deren Nachahmer geschmäht. »Ein seltsamer Dingerich, Dünkel und Protz in einem«, urteilten die zeitgenössischen anerkannten Dichter in dem überschaubaren Gehege tschechischen Schreibens. Er brachte es nicht zum Kustoden. Ein Amanuensis ist er geworden. (Was für ein schönes Wort des felix Austria, für eine Hilfskraft, einen Hilfsschreiber.)

Als hilfloser Schreiber arbeitete er auf Bestellung für die wenigen tschechischen Zeitungen. In einer Satire am Rande dieser Schreiberei hätte er sich beinahe verraten, aber man nahm ihn nicht ernst. Seine Themen waren die Helden, nicht die Häme. Jaroslav von Sternberg etwa, der Tatarenbezwinger. Und Grünberg gehörte einst seinen Nachkommen.

Die »Entdeckungen« waren nicht nur ein Denkmal, sie waren vor allem ein Denkzettel. Ein noch gewagteres Juwel kam hier zutage. Nach Königinhof (Dvůr Kralové), dem Geburtsort Hankas und Fundort der ersten Wundersammlung, war jetzt auch Grünberg dran – Lindas Jugendstätte. Was für ein Zufall! Noch eine Handschrift und noch umfangreicher. Libussa, die bis dahin bei Herder lange Reden nur auf deutsch hielt, sann itzo tschechisch! Auf der grünen Heide sitzend, frug des weisen Kroko weise Tochter das Moldauwasser, warum es so trüb sei.

Hingerissen lasen die Tschechen, wie Chrudoš, der Krumme, Šťáhlav, den Geraden, um sein Erbe bringen möchte und sich dabei auf das fremde deutsche Recht beruft: Alles gehöre dem Erstgeborenen, also ihm! Šťáhlav verteidigte unser Recht, denn bei uns wird gemeinsam gelebt und gerecht geteilt. »Nicht nötig haben wir, die Wahrheit im Stummland zu suchen, unsere Wahrheit ist hier Gesetz und Heil!«

Im Tschechischen wird deutlich, daß Deutschland (*Německo*), das »Land der Stummen«, von *němý* (stumm) kommt. Sie (die Deutschen) haben auch jetzt nicht viel zu sagen. Im Alttschechischen war es noch klarer, wir waren die friedlichen, großzügigen Menschen, die freiwillig teilten. Bevor man uns verdarb. Bevor wir dem Stummland nachgaben …

Aber es ging nicht nur um das für die Zeit typische national tönende Blabla, es war auch Lindas leichte Hand, seine Art, das Lyrische mit dem Epischen zu mischen. Die Natur zum Mitklingen zu bringen, und den Rauschwald rauschen zu lassen – in uns.

»Ich hätte selber gern etwas Ähnliches geschrieben!« begeisterte sich Čelakovský, der bejubelte Dichterfürst, justament aus Strakonice. Kein Dudelsackspieler, sondern die erste Geige der tschechischen Lyrik! »Aber Werke wie *Libussas Gericht* entstehen nur einmal in hundert Jahren!« Für einen Linda hatte er nur Flüche: Wichtigtuer, ein sturer Hund!

Die Handschriften wurden international! Eine Übersetzung jagte die andere. Nie zuvor und lange nicht danach waren tschechische Texte gefragter. Und als der große Goethe selbst sich einem der Gedichte annahm und es paraphrasierte, war das Maß des Leidens für Linda voll. Welch eine Qual für einen Dichter, so unerkannt und anerkannt zu sein. Der »Blumenstrauß« – so hieß das Gedicht Goethes – ging an dem wahren Schöpfer wieder mal vorbei.

> Wer hat den Strauß, ach, ins Wasser geworfen,
> von woher schwimmt er zu mir …
> ich will ihn haben,
> streck' die Hand danach,
> der Fluß jedoch ist wirr,
> und ziehet mich hinein …

So dichtete Linda einst auf tschechisch, und ähnlich kam er sich vor, als er Goethes Nachdichtung auf deutsch las. Bald danach brach er zusammen. Schwindsucht, konstatierte man trocken. Eine Dichterkrankheit – zumindest bei uns. Damals blätterte ich im Duden nach der Herkunft des Wortes Sucht. Denn mit Recht vermutet das Deutsche etwas Süchtiges bei dieser Art des Schwindens. Ich fand: Ursprung unbekannt. Kann sein, daß uns hier die Sprache Lindas weiterhilft. Und sein Schicksal. Wir nennen Schwindsucht *souchotě*, abgeleitet von *sucho*, die Dürre. Die Wurzel könnte auch dem deutschen Duden zu Dienste stehen. Das Austrocknen und Verbrennen, das innerliche Verdorren, auf Linda traf es zu. Dieser fast heilige Josef von Nepomuk verbrannte an seinem selbstgewählten Schweigen.

Dabei wußte er nicht einmal, was alles nach ihm kommen würde. Kunstwerke, Grillparzer, Smetanas Oper *Libussa*, undenkbar ohne Linda mit Smetanas Fanfare. Wie Przemysl, der Gatte Libussas, unser erster männlicher Herrscher, werden bei uns noch heute die Staatenlenker begrüßt. Professoren schöpften für ihre Werke aus Linda. Bildhauer hinterließen Lumírs, Zábojs oder wie sie alle hießen.

Bei Lindas Begräbnis ging es dagegen ohne Fanfare und erlesene Gäste zu. Kein Nachruf von Bedeutung blieb uns erhalten. Bald las niemand mehr Linda. Seine Bücher dienen nicht einmal mehr als Regalstütze in den Wohnheimen belesener Studenten. Nur eine Elegie ist überliefert. Von einem der die Leistung spürte, ähnlich veranlagt war und ebenfalls bald sterben sollte. Sein Name ist Mácha. Auch er fieberte für das ruhmreiche Einst. Im Unterschied zu Linda aber wußte er, die einzig unsterbliche Geschichte ist die eigene …, weil sie so konkret endet. Er setzte darauf und wurde, ungeachtet seines frühen Todes, zum Gründer der neutschechischen Dichtung. »Ich bin die Sage«, war seine Botschaft. Bis heute beseelt er junge Liebende – und wenn Sie in Prag sind (und das werden Sie bald sein), gehen Sie von Strahov über Petřín (das Prämonstratenserkloster und den Laurenziberg) hinunter an die Moldau. An Máchas Statue liegen meistens Blumen …, besonders im Mai, denn diesen preist sein großes Gedicht.

Mácha trotzte dem tschechischen Teufel. Namen waren ihm nie nur Schall und Rauch – das ließ er sich von keinem Mephisto einreden, und hätte der Höllenmann ihn auch im schönsten, ältesten Tschechisch zu betören versucht. Für Mácha war das Wort am Ende entscheidend, nicht der mystische Anfang, so oder so gestaltet.

In einem tschechischen Himmel über Nepomuk muß es auch ein Amtsgericht für leichtere Fälle geben. Ich bin mir beinahe sicher, daß es *Libussas Gericht* aus der Grünberger Handschrift ist. Irgendwann, vielleicht bald, wird man einen Gerichtstermin für Josef Linda einräumen müssen. »Auf! Wohlan, ihr tapferen Tschechen«, wird die Seherin sprechen. »Geht und holt mir Linda, den Listigen, den Mann voller Sanftmut! Genug der Qual …« Und wenn ihn die Boten bringen, sagt sie: »Tritt vor, Dichter, ich begnadige dich. Sei vom Joche des Schweigens befreit. Dein Ruhm wiegt mehr als der der Ahnen …« Und ein wenig aus der Rolle fügt sie hinzu: »Junge, du warst gut! Kein Amanuensis, ein Amadeus!«

Das graue Prag

Nun, Nepomuk, ich muß dich lassen. Wir reisen gen Prag. Wer es eilig hat, fährt über Pilsen. Die schöne Route führt über Blatná, Rožmitál und Příbram.

An der Tankstelle in Nepomuk wird Sie das letzte Regiment von Zwergen grüßen. Wie eine Ehrengarde standen sie da, als ich das letzte Mal an ihnen vorbeifuhr. »Augen links!« hörte ich rufen. Und es schien mir, als hätten sie die Köpfe gedreht – zu mir hinüber. Keine Angst! Es sind nicht die Gnome des Rauschwaldes, mobilisierte Mythen zum Schutz des Tschechenlandes. Es sind keine Reserven Lindas, keine winzigen Lumírs, Zábojs und Slavojs, sondern deine Freunde, mein Čechnforšr und Gast. Oder Bewohner deines Gartens im »Stummland«. Darum reden sie nicht – oder noch nicht. Stumm stehen sie überall in Scharen bereit zum Aufmarsch, doch sie greifen nicht an, wehren nicht ab, entsenden keine düsternen Blicke. Sie lächeln, rauchen, spielen Geige, Kontrabaß, Harmonika, seltsamerweise keinen Dudelsack, nicht einmal in Strakonice. Und sie sind froh, wenn du sie bemerkst.

Einer unserer Weltkugelflicker hatte wieder einmal ein

Loch entdeckt. Ein schwarzes Zwergenloch in Deutschland. »Laßt uns den Deutschen helfen!« beschloß er und stopfte es. Deshalb stehen sie hier feil, die Zwerge.

Dennoch habe ich lange gegrübelt, ob dieser unser Fleiß sich am Ende nicht als Fehlinvestition entpuppt. Bei meinen vielen Reisen hin und her sah ich nie einen Käufer, geschweige denn einen Zwergenbesitzer. Also fragte ich nach, und bevor ich mich versah, gesellte sich einer der Kobolde zu mir. Zwei Tage lang lag er nur so da, auf der rechten Hüfte, den Kopf auf den angewinkelten rechten Arm gestützt, die Hand unterm Kinn, in der linken eine Pfeife, und schwieg. Dann redete er mich auf einmal an – auf vietnamesisch. Weil ich die Sprache nicht verstehe, kann ich den Inhalt seiner Worte nur ahnen. Er muß von der Zwergengießerei in Polen erzählt haben, der Zwergenmalerei bei uns und seiner kaufmännischen Schule bei den Vietnamesen. Was er in Deutschland machen könnte, darüber konnte ich ihm keine Auskunft geben. Aber er freut sich auf euch. Wie alle seine Brüder …

Jetzt aber wirklich los. Über die Autobahn! Dort gibt's keine Heinzelmännchen, diese beredten Zeugen unserer Antwort auf die Globalisierung, da gibt es bloß McDonald's, Ikeas oder, auf großen Plakaten, Marlboromänner mit blauen Augen und bei einem bißchen Glück blauen Himmel obendrein.

In vierzig Minuten sind Sie auf dem Weißen Berg, und die Chance ist groß, daß Sie es nicht einmal merken werden. Schade. Zu Ihrer Linken liegt Architektur von Bedeutung. Im Tal der Turm des Ruzyně-Kerkers, in dem wir bis vor kurzem unsere Politiker, ja Staatsoberhäupter auf ihre Karriere vorzubereiten pflegten. In diesem Jahrhundert schafften wir es jedenfalls, daß der Weg aller unserer Präsidenten in ihre Ämter über das Exil oder eine Gefängniszelle führte. Erst das nächste Jahrtausend scheint die Möglichkeit zu bieten, auch mit einer bescheideneren Biographie den

Hradschin zu bezwingen. Bald wird die Burg unter Ihnen liegen, und Sie werden weniger majestätisch hinunterfahren, als seinerzeit Tilly und René Descartes nach der Schlacht. Bitte erobern Sie uns friedlich. Mancherorts wird für Sie bereits gekocht, Ihnen ein Bett bereitet und werden die Geigen gestimmt.

Doch diese Kirche hier linker Hand ist schön. Mir gefiel immer der Name des Stifters. Luna! Lunatisch klein plazierte er sie auf dem Schlachtfeld – als wäre er sich über die Größe des Sieges nicht sicher. Damals war sie auf dem nahezu leeren Hügel nicht zu übersehen. Heute verschwindet sie förmlich zwischen den umliegenden Bauten. Ihre Kuppeln zeichnen eine fast russisch-orthodoxe Silhouette. Hinter der Umfassungsmauer mit ihren vier kleinen Eckkapellen liegt ein beschaulicher Garten, noch immer abgeschirmt vom Lärm draußen. Nicht einmal die Fresken, die das Siegesheer und das Wunder der Marienhilfe verherrlichen, können die einstige Leidenschaft begreiflicher machen, mit der wir uns um diesen Ort einst stritten. Diese Schlacht kennt offensichtlich nur Verlierer.

Auch mit der Wallfahrt ging es letztendlich schief. Die Mutter Gottes hat sich der tschechischen Herzen kaum bemächtigt, obwohl man beinahe zwei Jahrhunderte lang hierherpilgerte. Alljährlich war vom Veitsdom auf dem Hradschin – unserem Kapitol – eine Danksagungsprozession hierhergezogen, bis die Aufklärer sie stoppten. In Jungbunzlau (Mladá Boleslav) bei Olmütz oder in Příbram war die Heilige Jungfrau sofort zu Hause, regierte den Himmel, zertrat die Schlange. Hier ist sie nur verführerisch schön, als wollte sie sagen: »Pardon, ich habe mich schon besser geschlagen.«

An dieser Kirche beginnt die flache Anhöhe, zweifellos günstig für ein Gemetzel, doch für eine Völkerschlacht ungeeignet. Bis heute breitet sich hier nur eine Wiese aus. Sie wird hauptsächlich von Hunden genutzt. Oder zum Drachensteigen, denn hier ist es windig. Mitten im Grünen steht das Sommerschloß Stern hinter seiner Mauer. Davor verteidigten die Mähren die tschechische Sache. Übrigens als die einzigen bis zuletzt.

An der Ampel da vorne müssen Sie bestimmt stehenbleiben. Der Barockklotz auf der rechten Seite ist eine Kreuzwegstation. Ich nehme an, die vorletzte vor der »Maria vom Sieg«, für Sie jedoch die letzte vor Praha, vor Prag. »Auf, wohlan denn!« sagt sie zu Ihnen. »*Dobrý den.*«

Im Tschechischen ist Prag weiblich. Es kam also nicht von ungefähr, sie zu einer Kybele zu machen. Obwohl sie, und es sei mir gestattet, das tschechische Genus beizubehalten, kein New York war, erschien sie oft unübersichtlich, grausam, wählerisch und kalt. Manch einem kam es zuweilen vor, als belohnte sie Widersacher statt ihre Verehrer, ja, als quälte sie mit Vorliebe ihre Dörfler.

Auch bei uns gibt es Heimatromane. Darin verlassen junge Lindas – wie Motten vom Licht angezogen – die Geborgenheit ihres Dorfes, um Prag zu erobern, wo sie dann scheitern.

Ich kam zum ersten Mal bewußt im Jahr 1950 in die Stadt, als das neue Zeitalter begann, die Ära der ewig sorglosen Jugend, nämlich der meinigen. Es war zu dem Zeitpunkt, als der Stiefopa starb, er hatte zuviel getrunken, wozu er allen Grund hatte – als durstiger Pächter eines Wirtshauses. Ich kannte ihn kaum. Es ist daher nicht verwunderlich, daß ich seine Kneipe in besserer Erinnerung behalten habe als seinen Sarg. Sie lag in der Balbinstraße, in einem Viertel namens Weinberge. Die protzigen Gründerjahrebauten beeindruckten mich. Alles war farbenfroh, die Straßen, die Läden. Das Aushängeschild vergoldet, die Bierreklame blechern und bunt, der Ausschank aus Porzellan. Übertroffen nur noch vom Saal mit Spiegeln und einem Deckengemälde, das einen tanzenden Bacchus halb nackt inmitten seiner Mänaden zeigte, umrankt von Rebenblättern. Wie mir das gefiel! Ich saß darunter, erstaunt, ja aufgeregt, hörte nicht, wie sich dort inzwischen meine Leute versammelten und ganz leise sprachen, obwohl wir unter uns waren. Erst diese Stille machte mich darauf aufmerksam, daß ich zum zweiten Mal an diesem Tage einem Begräbnis beiwohnte.

Diesmal wurde die Hospoda der Goldene Liter zu Grabe getragen. Es war ein ruhmreiches Lokal, über viele Jahre Arbeit mit unserer Familie verbunden. Nicht, daß der gute Opa es vertrunken hätte! So trinkfest war er nun doch nicht. Das Wirtshaus sollte unserem Volke anheimfallen.

Seltsam! Waren nicht wir das Volk? Ging es hier nicht volkstümlich zu? Jedenfalls war die Schenke keine Hochburg der Großindustrie oder der politischen Macht. Die einzige Politik, die darin betrieben wurde, war die schwejksche. Hier hatte Hašek die Partei »des mäßigen Fortschritts im Rahmen des Gesetzes« zum Leben erweckt, hier hatte er seine fulminanten Reden gehalten und seine Niederlage als Landtagskandidat begossen. Was ihm nicht schwerfiel am Stammtisch seiner Kollegen, Prager Literaten der tschechischen Zunge.

Der Goldene Liter war kein teures Lokal. Die Tschechen lasen zwar gern und viel, meistens aber geliehene Bücher. Wer konnte also von dem leben, was er schrieb, geschweige denn auch noch seinen Wirt reich machen. Doch Vaters Eltern waren stolz darauf, an diesem Mit- und Durcheinander teilzuhaben und fanden es herrlich, ein Glied in dieser bedeutungsschweren Kette zu sein.

Jetzt waren wir traurig. Jemand aus der Sippe hatte in Opas Nachlaß ein Papier gefunden, das unserem Toten den tödlichen Schlag versetzt hatte. Das Volk ließ uns darin wissen, es wolle den Goldenen Liter haben.

Ergo nahmen wir Abschied.

Breit war es, ein wenig dunkel, es stand auch ein Piano dort, auf dem der Liedermacher Chalanda die bekannte

»Hradschinuhr« komponiert hatte. Hinter dem Instrument der Stammtisch, an dem schon der Nestor aller in Prag schreibenden Tschechen, Jakub Arbes, zu sitzen pflegte – als lebendiges Gewissen all dessen, was sich im tschechischen Volk seit 1848 ereignet hatte. Links an der Wand sah ich ein mächtiges Messinggestell, in dem sich früher die Hausfahne befunden hatte. Ich stellte sie mir als mein eigenes Wappen vor, goldgestickt, mit einem üppigen Humpen in der Mitte. Jemand – keineswegs ein Meister – setzte sich dann ans Klavier und spielte einfache Melodien. Man brachte Humpen mit Smíchover Bier, trank und fing an zu singen, wie das in einer Hospoda eben so Sitte ist. Unter den Liedern, die an dem Nachmittag ertönten, gab es eins, das auch ich konnte. Ich setzte zum Gesang an und erntete Beifall. Jemand knipste mich dabei, er muß schon ziemlich mitgenommen gewesen sein. Das Foto, ich habe es noch heute, zeigt so etwas wie eine kleine Explosion. Alles fliegt durch die Luft, mischt sich, durchdringt einander. Nur ich stehe da und singe.

Und in der Tat hatte jemand eine Granate zu uns hereingeworfen, sie kam von dort angeheult, wo man des Menschen Unglück züchtet.

Wir fuhren nach Hause. Mein Vater schleppte ein großes Paket mit einem uralten Grammophon und Schallplatten dazu. Meine Mutter trug ein Bild aus der Galerie des Goldenen Liter, die den Bacchussaal schmuckte, eine Sammlung aus Stammgastporträts und Gelegenheitsgemälden. Jeder konnte sich am letzten Abend eins davon auswählen. Die Mutter griff nach einem Trinkerbildnis, mit dem ein trunksüchtiger Maler seine Trinkschulden beglichen hatte.

Überaus mager war unsere Ausbeute.

Ich aber war glücklich. Nach ein paar Jahren hatte ich die heute unbezahlbare Schallplattensammlung kaputtgespielt, lernte dabei tanzen und war bald alt genug, um selber das weibliche Prag zu erobern.

Im Grunde genommen war es kein Unglück, daß uns das

Volk gleich zu Anfang als Parasiten vom Goldenen Liter aus-merzte und 1949 in die Provinz zwang, dort galt ich als un-belastet und konnte nach Prag an die Uni gehen.

Die Partei, die von Prag aus über das Land herrschte, hatte sich einem grenzenlosen Fortschritt verschrieben. Das Ergebnis war jedoch grausam und grotesk zugleich.

Ob es durch die beinahe zehn Jahre meiner Abwesenheit bedingt war oder ob sich der Eindruck aufgrund einer rein körperlich veränderten Perspektive gesteigert hatte, die Stadt bedrückte mich. Sie war halb leer, schmutzig und grau und bereits dabei, Paneláky, die Plattenhäuser, um sich herum zu bauen.

Ich ging die Straße hinauf – ich machte diesen anstren-genden Umweg bloß, um die Balbínka, die Straße, in der einst der Goldene Liter stand, zu sehen – einen großen Kof-fer in der Hand, in dem sich meine ganze Habe befand, Kleider, Bücher, Gedichte, sogar ein dickes leeres Heft für einen Roman, den ich schreiben wollte. Der Anstieg zog sich hin, ich schnaufte, stellte den Koffer auf dem Bürger-steig ab, drehte mich um, und da sah ich sie, die ganze Ver-wandlung. Kein Geschäft mehr, keine Kneipen, nicht nur die vormals unsere, von der nun ein heruntergezogenes Rollo zeugte, alles war weg. Überall aschgraue, abbrök-kelnde Fassaden und verrostete Rolladen.

Es war ein Tag im »Lichtkranz«-Monat, unbarmherzig hell. Das Bild, das sich mir einprägte, gleicht einem Steck-brieffoto. Auch wurde mir bewußt, daß sich hier ein Ver-brechen abgespielt haben mußte. Nur kurz, ein Gedanke, den man lieber gleich wieder loswerden möchte, denn mit ihm lebt es sich schlecht. Ich nahm meinen Koffer wieder auf und ging an einer »Rohstoffsammelstelle VB« vorbei, die einst der Goldene Liter war.

Was für ein Lied hatte ich dort gesungen? Ich konnte mich nicht darauf besinnen. Ich war zukunftssüchtig, ich sehnte mich nach der Zukunft. Vor mir sollten zweiundzwanzig Jahre in dieser Stadt liegen. Zeit genug, um sie kennenzulernen, um sie zu durchforschen, ihre Paläste und Gefängniszellen, ihre Hörsäle, ihre Baustellen. Ich lebte in der Nähe der Mächtigen und lange Zeit unter den Machtlosen. Ich verdiente mein Brot mit der Feder und mußte selber reichlich Federn lassen. Oh, das tat weh. Doch wer rechnet schon im voraus mit solchen Dingen. Also holte ich tief Luft, dort in der Balbínka, und keuchte bergauf in die Zukunft. Sie öffnete sich vor mir mit einem anderen Ausblick auf Prag, mit dem auf die *mater urbium* ... Mutter der Städte, wie das Prager Wappen verkündet. Vom Rieger Park aus, am selben Tag, in derselben Sonne, breitete sich die Stadt zu meinen Füßen fast zügellos aus und lag da unten – verfremdet, abweisend – so schön, wie ich es nach Jahren nur noch in Florenz auf der Forte di Belvedere erlebt habe.

Da wußte ich, daß ich Prag liebte und daß die Stadt herbeigerufen werden will.

Man braucht Beschwörungsformeln. Unsereiner muß hart um sein Schlüsselwort kämpfen, will er nicht der Schwermut und dem Grau verfallen. Es gibt sie nämlich, die Schwermut! Wer sie je erlebt hat, weiß, welch zerstörerische Kraft sie besitzt, wie uralt und eingewurzelt sie ist. Von Zeit zu Zeit bemächtigt sie sich unser, beklagt und beschrieben als Drache, aber selten besiegt.

Ist daran das weibliche Prag schuld, weil sie sich seit Generationen den tschechischen Gemütern genau so darbietet, wie damals mir? Anscheinend erinnert die Stadt auf diese Weise daran, daß Wien und Budapest im Tschechischen ebenfalls feminin sind und daß Prag im Wettbewerb mit ihnen die Schönheitstrophäe errungen hat. Das wäre gar nicht so schlecht, hätte es sich nur um die erste Runde eines Paris-Urteils gehandelt. Es war aber – wie auch in der alten Sage – der Beginn eines Kampfes um Europas Mitte. Die beiden Rivalinnen griffen in ihm einige der besten Ideen Prags auf und blieben ihnen treuer als Prag selbst.

Bald nach meiner Ankunft in Prag erfuhr ich, daß der Zauberberg, von dem aus ich gebannt die magische, die zu beschwörende Stadt erblickte, die Aussicht auch Dieben, Vagabunden und Mördern bot, wenn sie hier am Galgen endeten. Ironie der Geschichte. Wie es der Prager Vorstellungsmanie entspricht, hieß einer der Wege hinauf »Zum Paradiesgarten«.

Unweit von hier fand ich meine erste Bleibe, ein Zimmer, das ich mit fünf Kommilitonen teilte. Als wir unsere Bücher und Bilder auspackten und sie auf die Hängeregale stellten, wurde gleich klar, welches Geschick auf uns wartete: Wir waren zwei Dichter, zwei Philosophen und ein Kartenklopfer. Auf demselben langen und finsteren Gang weitere Dichter, Philosophen und Spieler. Die Partei des grenzenlosen Fortschritts stieß damals dennoch an eine Grenze. Das größte Denkmal der Welt, das je ein Volk einem fremden Tyrannen erbaut hatte, wackelte bedenklich. Der Tag näherte sich, an dem die Pyrotechniker erscheinen, um diese *fronta na maso* – die Fleischzuteilungsschlange – in die Luft zu jagen (1962). So hieß die pompöse Steinanhäufung auf dem Letna-Hügel zu Ehren des Sowjetführers, und wir Fakultätsdichter konnten nicht nur unsere Kunstprodukte angeberisch vergleichen, sondern auch aufgeklaubte Granitstücke des gesprengten Stalin. Sie lagen auf dem Moldaukai, über dem heute ein großer Zeitraffer tickt, um uns zu sagen: »Die Ewigkeit ist sehr kurz.«

Ich eilte vom Kai auf meinen Galgenberg zurück, erklomm ihn über die Paradiesstraße, vorbei an altem Papier, an Ofenrohren und all dem Gerümpel, das man an jedem generellen Mülltag dort anhäufte und hielt geübt nach Büchern Ausschau. Im Zeitalter der neuen Worte lagen die alten auf der Straße, und ich war immer auf der Suche. Aus einer der Kisten ragte ein grünes Büchlein in deutscher Sprache heraus. Der Verfasser? René Rilke aus der Herrengasse unten in der Stadt. Die kleine »Feldpostausgabe« enthielt seine rührseligsten Stücke, bestimmt für Soldaten einer Macht, die noch vor gut zählbaren Jahren meine Vorgänger mitten in der Nacht aus den Zimmern unseres Studentenheims herausgezogen hatte, um sie im ersten Morgengrauen zu erschießen.

Das Büchlein zog mich an. Ich schlug es auf und fand Verse, die ich mit meinem schlichten Unideutsch nur zu stammeln vermochte.

> Felsen waren da und wesenlose Wälder.
> Brücken über Leeres und jener große, graue, blinde
>   Teich,
> der über seinem fernen Grund hing …

Oh, das gefiel mir, das Lautmalerische, so anders verankert als in der tschechischen Sprache. »Wesenlose Wälder«, »Fall der Falten«, »der Gott des Gandes«! Das klangvolle Bild mit dem der Dichter Orpheus' vergebliches Bemühen, seine Geliebte aus dem Reich der Toten zu locken, beschreibt. Allen Sprachschwierigkeiten zum Trotz, ja vielleicht deswegen, denn sie machten das Ganze noch geheimnisvoller, entschloß ich mich, das Werk zu übersetzen, und steckte es in die Manteltasche.

Allerdings verwandelte sich somit mein bisheriges Lauern auf Prag in eine Archäologie der Prager Gezeiten.

Das Bizarre wurde dadurch jedoch nicht weniger spürbar. Es war, als hätte Prag, gleich Rilkes Euridike, eine besondere Vorliebe fürs Verharren in den Reichen des Abgelebten entwickelt, und würde sich von denen abwenden, die es aus diesen hinausführen wollen. Wie unstet ist die Stadt! Die Schönheit hat sie von den Italienern, doch sie verstümmelte sie. Die Erhabenheit von den Deutschen, doch sie erniedrigte sie. Ihr Geheimnis hat sie von den Juden, doch bekennt sie sich nicht zu ihnen.

Und uns Tschechen, die wir sie als Mutter anrufen, will

sie nicht erwachsen werden lassen – uns, die Nachkriegskinder. Wir – die Erlösten, denen das Himmlisch-Irdische verheißen wurde! »Wenn ich euch sage, es gibt den Himmel auf Erden, glaubt mir doch, ich habe recht«, sangen unsere Väter und bauten an einer Zukunft, vor der sie später selbst zurückschreckten.

Dennoch: unser Trauma war kein Erwachen, keine Ernüchterung, kein Komplex des Versagens, der einst unsere Vorgänger peinigte, nur dieses Müllhaufenerlebnis. Wir waren ein Trümmergeschlecht! Diese Trümmer fielen nicht auf, sie ragten nicht mahnend empor, sie setzten sich schlicht und einfach aus den endlosen Sperrmülltagen zusammen. Diese unsichtbaren Trümmer erstreckten sich über Keller, in denen Bücher mit Kneifzangen zerrissen wurden. Sie bestanden aus alten Straßenschildern, die unauffällig, aber unaufhaltsam neuen Schildern mit neuen Namen weichen mußten. Die Trümmer begruben lebendige Menschen, denen das langsame, lautlose Sterben willkommen zu sein schien. Denn besonders Menschen wurden namenlos gemacht, und am Beispiel der Verstummten konnte man sehen, wie schnell das geschieht. Dieser Umbenennungswahn machte schließlich aus der Sprache einen Müllhaufen, bis man plötzlich einsah, daß das Umbenannte die totale Leere widerspiegelte.

Es war ein Trauer-, Lust- und Trugspiel, dem die Stadt, frisch mit dem Fürsten Potemkin vermählt, eine so prächtige Kulisse bot, daß man träumte, man träume nur.

Diese verrückte Stadt schaffte es, immer die am wenigsten erwarteten Verwandtschaften zu bieten. Kurz nachdem ich meine lizensierte Dichterlaufbahn beenden mußte, stellte mich ein guter Mähre ein, der den Mut aufbrachte, mich auf die Arbeitnehmerliste zu setzen. Er war Leiter einer Baufirma, die sich damit über Wasser hielt, daß sie am Rande des Ruins die Schönheit Prags ein wenig verhunzte. Amtlicherseits halb geduldet, errichteten wir Dachstuben, meist unter historisch wertvollen Dächern. Ich wurde zu einem Faktotum für Beschwerdefälle, von denen es häufig welche gab, denn es wurde viel gepfuscht, wie es sich in jedem Potemkinschen Dorf gehörte.

Einmal schickte man mich zu einem Mitglied unserer Genossenschaft in die Ziegelgasse auf der Kleinseite. Es öffnete mir eine alte Dame jener Prager Charakterbildung, der man in der Ära der Blockwartweiber nur selten begegnete. Ihr Gesicht, ihre ganze Haltung, und die Art, wie sie sprach, alles mutete mich bekannt an. Als wir in das einzige Zimmer traten, zeigte sie ratlos auf einen großen nassen Fleck an der Decke, aus dem das rostige Wasser in die auf dem gewölbten Parkettboden verteilten Blecheimer tropfte. Wir hätten ihr schon mehrmals versprochen, meinte sie, etwas dagegen zu tun. Ich wußte, daß wir es ihr auch diesmal nur versprechen würden, und zwar durch mich. Dann fiel mein Blick auf zwei Porträts, ein Regal und einen Schreibtisch, alles Gegenstände, die ich irgendwoher kannte – natürlich aus einem Buch, das ich ähnlich erworben hatte wie diesen Rilke. Jawohl, die Sachen stammten aus dem Arbeitszimmer des Staatsgründers Masaryk, diese Frau war seine Enkelin. Als solche wohl noch immer davon überzeugt, man sollte, man könnte, man müßte etwas dagegen tun. Dieses Dagegen war allgemein zu verstehen.

Einst hatte einer der Mitkämpfer Masaryks eine polemische Verssammlung *Tristium Vindobona* – »Die Trauer namens Wien« gedichtet. Tristium Praga, die Prager Trauer, die ich in der Ziegelgasse damals empfand, war so zersetzend, daß ich lieber auf jeden Vergleich verzichte. Es war nicht mehr das übliche Glücksradspiel, in dem man mal gewinnt, mal verliert, es war eine Trauer, die alles zu einem zähen Einheitsbrei zermahlte, in dem man steckenbleibt und lacht, desto mehr, je weniger es etwas zu lachen gibt.

Man brauchte nur aus dieser Dachstube wieder auf die Straße zu treten und den Kopf in Richtung Hradschin zu drehen, um zu wissen, daß Husák, der amtierende Inhaber jenes Arbeitszimmers, nicht von diesem Breifutter lassen konnte. Ich machte seine Bekanntschaft kurz nach seiner Entlassung aus zehnjähriger Haft. Damals ahnte ich noch nicht, daß ich bald aus eigener Anschauung das sogenannte »Kleine Loch« kennenlernen sollte, den kleineren der beiden Gefängnistrakte in Ruzyně, woher wir unsere heutigen Staatsmänner beziehen.

Der Tag war um. Ich hatte eine lange Rückreise vor mir in eine der Menschendeponien, in meinen Panelák. Ich lebte dort mit den Freunden, die sich vorgenommen hatten, die Sauermiene abzulegen. Doch wohin damit in diesen klitzekleinen Wohnzellen aus Beton. Wohin damit in all den engen Nachtwächter-, Dampfheizer- und Pförtnerstuben, in die wir uns zwängen mußten. Es war nicht einfach zu entsagen, doch wir taten es und lachten endlich ganz freimütig. Manchmal sah es aus, als würde die Stadt uns zuzwinkern.

Wie damals zu Weihnachten auf der Prager Burg.

Es schneite, und ich brachte Sergej Machonin ein Geschenk, einem der unfreiwilligen Wächter, der ohne jede Waffe die alte Kunstgalerie auf dem Hradschin schützte. Die Tage waren bildhaft kitschig. Das vom Schnee nicht überdeckte Stadtgrau störte nicht, frische Luft und die Nacht verjagten auch den Dunst, der sich sonst über den Dächern hielt, die Straßen waren leer, und mein Freund erwartete mich in der halbgeöffneten Tür zu den Sälen mit den Dürern, Brueghels, Boschs. Zur Strafe mußte unsereiner seinen Dienst auch an hohen Festtagen tun. Der Wartende lächelte jedoch, führte mich hinein zu den anderen, die schon dasaßen. Auf einem Tischchen mit Weihnachtsgebäck brannten Kerzen, und jemand spielte Gitarre. Ich schlenderte durch das Depot. Statuen mit den Rücken gegeneinander, in zufälliger Anhäufung, die ihnen jedoch eine ungeheure Lebendigkeit verlieh. Mit einem Mal blieb ich, gefesselt von dem erhabenen Gesicht des Juan de Deo, stehen. Die Glasur der Wangenhaut, die Augen, das Gewand, die rechte Hand leicht emporgehoben ... Nein, es war unfaßbar! Ich mußte einmal um das Standbild herumgehen, damit sich an der unverarbeiteten Rückseite die Barockmagie ein wenig auflöste. Sein Schöpfer hieß Brockhoff. Die Stadt, plötzlich großzügig, führte mir ihr Einst vor. Das starke Gefühl des verdienten Glücks wechselte mit einer Welle der Angst, die sehr schnell die alte Tschechenfrage stellte: Was ist der Preis dafür?

Es war mein letzter Weihnachtsschnee in Prag.

... und golden

Dachte ich! Man hat mich zuerst eingesperrt und danach ausgebürgert, aber auch dies galt nicht. Wir sind im weiblichen Prag, der wählerischen und wundersamen.

Nach zehn Jahren kam ich zurück und sah die Sauermienen verschwinden. Rollos gingen hoch, Fassaden erstrahlten hie und da in frischem Glanz. Das Grau befand sich auf dem Rückzug. Es war schon immer die Farbe des Teufels, nicht nur des kleinen tschechischen Tschert, auch jenes echten, der Unlust und Langeweile produziert und damit den Tatendrang der Dummköpfe.

Ja, selbst der kleine TT wird bunter. Er sitzt meistens im Taxi und wartet auf Sie vor dem Bahnhof oder am Flughafen, um Ihnen eine Höllenfahrt anzubieten. Sie werden dabei nicht die Seele verlieren, nur viel Geld. Ohne daß Sie wissen, wie Ihnen geschieht, schließt er mit Ihnen einen Vertrag ab. Einen marktwirtschaftlichen, wie er behauptet. Das Angebot regelt die Nachfrage, und Sie haben nachgefragt. In Erinnerung an die berühmte Transportleistung Mephistos, Prag–Erfurt und zurück in einer Nacht, bietet er Ihnen, der Sie voller Erwartung und Bewunderung die

Stadt betreten, eine Kilometerpreispauschale an, als läge Prag wirklich bei Erfurt. Und natürlich bereitet es ihm eine teuflische Freude, wenn es ihm gelingt, auch in Ihr Gesicht die ortsübliche Miene zu malen, denn so sorgt er doch für deren Erhalt.

Lassen Sie sich nicht entmutigen! Die Stadt ist schön und die TTs, als die tatsächlichen Tschechen, sind entgegenkommend und keinesfalls listiger als die Wirte in Venedig. Sie können sie an der Čertovka (Teufelsbach) beobachten, bei Kampa, diesem Campo di Praga. Keine Bange, der Tschert / Čert, der in der deutschen Übersetzung des Flüßchennamens auftaucht, ist nur eine andere Volksetymologie. Es muß irgendwann in vergangenen Zeiten (nicht jenen à la Linda) eine Certina gewesen sein. An einem Camb! Ein gleichnamiger Bach fließt in Castelina in Chianti bei jenen so vertraut klingenden Dörfern Cecci und Lecci. Also eine uralte Wasserbezeichnung – und der Camb als toter Arm oder als eine Flußbiegung (lexikographisch längst erfaßt) deutet sich hier rein visuell von alleine. Übrigens gibt es in Tschechien sieben Ortschaften, die Venedig, Benátky (Venat), heißen und alle charakterisiert eine moorige Tiefebene. Fühlen Sie sich folglich wohl in diesem Veneto di Praga, es gibt hier echte Verwandtschaften. Sie hören Italienisch, Tschechisch, Englisch, Deutsch, und alle diese Sprachen finden hier kleinere oder größere Anhaltspunkte.

Gutgelaunt, wohlgesonnen fühlen sich auch die jüngeren TTs vorwurfsfrei heimisch in diesem Strom, denken nicht an die Langeweile Böhmens, den Fluch der Enge oder die Krallen der Stadt, die diejenigen nicht losläßt, derer sie sich bemächtigte. Man kann (die) Prag nehmen wie es (sie) ist. Ungeteilt, unideologisch und unprätentiös. Man kann am Kampa-Kai sitzen und sehen, wie sich die beiden mächtigen Flüsse, die Moldau und der Menschenstrom auf der Brücke kreuzen, beäugen und eine befreiende Dynamik ausstrahlen, nicht mehr zu verlernen … wie ich hoffe.

Es gab schon einmal einen Versuch, diese Stadt weltoffen und weltbürgerlich zu gestalten. Er ging jedoch schief – in den Tumulten unseres Jahrhunderts, das die Andersartigkeit als Gegensatz verstand und Identität als Teilnahme an einer kollektiven Untat.

»Ist es überhaupt möglich«, fragte ein Novák (kein *nobody*) am Anfang der zwanziger Jahre, »daß ein deutscher Schriftsteller den tragischen Geist Prags begreift?« Der Mann belieferte die mächtigste Tageszeitung. Sie hieß *Venkov* (»Das Dorf«), um zu verdeutlichen, daß unser Ureigenes außerhalb der Stadt liegt. Sie hatte ihren Sitz Na Poříčí, dort, wo heute *Právo* (»Das Recht«) residiert. Ein ähnlich mächtiges Tagblatt, das gestern noch das Adjektiv »rot« mit sich schleppte, und vorgestern als »Rotes Recht« die Übernahme der *Venkov* organisiert hatte. Sie sehen, unser Ureigenes hat zumindest eine feste Adresse.

Dreihundert Meter von diesem Ort entfernt befand sich die Arbeiter-Unfall-Versicherungs-Anstalt, wo sich im vierten und obersten Stock ein gewisser JUDr. Franz Kafka beinahe lebenslang mit dem Broterwerb quälte. Arno Novák mußte ab und zu seinen Hut lüften, wenn er diesem fast Nachbarn auf der Straße begegnete. Kafkas Weltruhm erlebte er nicht. Und er hätte ihn wahrscheinlich mißbilligt. Er glaubte nämlich: »Nur ein tschechisches Herz, nur ein solches kann Prag in Lieben und Leiden erfassen.«

Gründlich, tiefgründig und nicht ohne Verdienste, setzte er sich mit der Literatur des Landes auseinander. Allerdings nur aus tschechischer Sicht.

Deutscherseits wurden noch heftigere Töne angeschlagen. In einer Kolportage, bezeichnend »Prag« genannt, wimmelte es nur so von tschechischer Trunksucht, Prostitution, Grobheit und dörflicher Heimtücke. Der edelmütige Deutsche und sein jüdischer Freund (noch!) erscheinen zufällig auf dem Hof einer Tschechenspelunke und werden Zeuge folgender Szene: Eine Hündin ist eingegangen,

Mutter von sechs Welpen. Plötzlich erscheint in der Tür eine Hure, sieht die Waisenköter, und Mitleid bemächtigt sich ihrer. Sie brockt ihnen Brot, das aber die Winzlinge, noch blind, nicht fressen können. Glücklicherweise versorgte der Autor das Mädchen mit Muttermilch. Wir waren damals ein furchtbar fruchtbarer Stamm. Und so machte sich das Mädchen ans Stillen. War sie, die »keine Angst vor dem saugenden Tier hatte, nicht vielleicht doch mehr wert als eine vor Zärtlichkeit überfließende Mutter?« fragt sich der Verfasser und denkt an die Mütter, die ihn und seinesgleichen nährten, »wies nicht dieser Trieb … auf unerforschte Gebiete, wo man die Frage nach dem Untergang des Volkes suchen muß?« Es beruhigt, wenn unsereiner erfahren darf, warum es ihn eigentlich noch gibt. Man ist sogar erfreut, gesehen zu haben, wie schnell sich so ein kleiner Übermensch unterlegen fühlen kann. Schade, daß wir uns das damals nicht patentieren ließen. Wer weiß, wie die Dinge heute aussehen würden, hätten wir auch Hýdla ähnlich geschockt! Den fast Böhmerwäldler.

Ungeachtet dieser Kontroversen, Differenzen, ja Diffamie, der Ausgleich fand statt. Unangemeldet und in unzähligen Zankrunden der Nationalpriester nicht verhandelt, ereignete er sich als Folge der gemeinsamen Währung, des freien Waren- und Werteaustauschs. Und − er war das Ergebnis des Auszugs aus dem Dorf. Man wollte und konnte nach Prag, Wien, Budapest oder Paris. Mucha, der Jugendstil-Maler saß dort, und nur von dort aus durfte er zu dem werden, den wir bewundern. Student Čapek schaute sich in Paris um, bevor er loslegte und seine genialen Jugendtexte schrieb. Bat'a dachte an amerikanische Industrievorbilder, und Masaryk brachte seine Braut aus Amerika mit.

Und junge Mädchen aus dem Minerva-Gymnasium träumten nicht von tschechischen Trachten aus Taus, sondern fieberten für Oskar Wilde oder Ibsens *Nora* …

Die Schöne und das Biest

Darunter gab es auch eine »ephebische« Gestalt mit einer Frisur à la Präraffaeliten, eine Erscheinung, nach der sich selbst das Monokel des elegantesten Pragers, das gräfliche Auge des k. u. k. Landesstatthalters Thun, umgedreht haben soll. Es muß auf dem Graben gewesen sein, Na příkopech, der Straße rechts am unteren Ende des Wenzelsplatzes, die damals der deutschen Crème als Korso diente. Milena und ihre Freundinnen haben hierher übergesetzt – von der Ferdinandstraße, dem tschechischen Korso.

Dieser heißt heute Národní třída (Nationalstraße) und liegt links vom selben Wenzelsplatzende. Die kurze Entfernung zwischen den beiden Orten zu meistern war damals ein gewaltiger Schritt.

Das auffallend schöne Mädchen hieß Milena Jesenská, und der Name bedeutete etwas in dieser Stadt. Einen ihrer Vorfahren ließ Ferdinand, der Tschechenfreund aus der Steiermark und siegreiche Kaiser vom Weißen Berg, grausam theatralisch abschlachten.

Jan Jesenský, Rektor der Hohen Karlsschule und Arzt, der die erste öffentliche Obduktion durchgeführt hatte, wurde selber öffentlich seziert: zuerst schnitt man ihm die Zunge heraus (er war ein berühmter Redner), dann die rechte Hand ab (wegen der Schwüre) und zum Schluß den Kopf (weil er so klug war). Und als sei diese rituelle Metzgerei noch nicht genug, befal der Kaiser, den Körper zu vierteilen und an den Prager Kreuzwegen aufzuhängen.

Europa erschauderte vor Grauen, und wir Tschechen, wir wurden zum böhmischen Dorf. Jessenius Kopf schaute sich das aus einem eisernen Korb an, der mit anderen Schädeln an dem Altstädter Turm der Karlsbrücke befestigt war, bis er endlich irgendwann irgendwo begraben wurde.

Der zweite Jan Jesenský, Milenas Vater, ist entschlossen, den Bann des böhmischen Dorfes zu brechen. Bald wird er Professor an derselben Hochschule, deren neuen Namen – seit jener Großhinrichtung nennt sie sich Karl-Ferdinand-Universität – er als Hohn empfindet. Er hat eine gutgehende Zahnarztpraxis, heiratete er doch die Tochter des Landesschulinspektors und ist selber strebsam und fleißig. Ungeachtet der Tatsache, daß seinem Vorfahren und Vorbild eine deutschsprechende Zunge herausgeschnitten wurde, denkt er tschechisch national und mag Juden und Deutsche nicht. Dennoch ist sein historisierender, mit der Schlagkraft der Gründerjahre gemischter Aristokratismus ungewöhnlich. Die Tschechen pochen doch lieber auf ihr Plebejertum und die Volkstümlichkeit. Jesenský mag keine Chalupa-Rituale. Er ist Dandy mit einer Leidenschaft für Frauen, von seinen Studentinnen über die Gattinnen seiner Freunde bis zu seinen Patientinnen.

Das letzte Prager Duell hat in ihm den letzten Duellanten. Er soll sich gut geschlagen haben. Nicht so sehr als Vater. Für Milena ist er mehr Gegenspieler als Partner. Und nach dem frühen Tod seiner Frau (der ihn nicht erschüttert) jemand, dessen Liebe sie sich ertrotzen muß. Es wird ein harter Kampf.

Schon als Kind hatte sie ein prägendes Erlebnis. Sie stand

am Fenster, als tschechische und deutsche Scharen aufeinander-
prallten, die Polizei dazwischen. Es fielen Schüsse, die
Menge stob auseinander, nur der Vater blieb stehen. Eine
lange, lange Zeit, so schien es ihr. Bis auch er sich beugte,
um Verletzte zu versorgen. Am Ende ihres Lebens wird sie
sich erinnern und dem Leser diese Szene als Sinnbild für innere Haltung im besetzten Land beschreiben. Damals aber
leitete sie daraus ab, daß man vor allem dem Vater standhal-
ten muß.

Sie ist das ganze Gegenteil jener Frauen, mit denen Kafka
bislang Kontakt pflegte. Sparsamkeit, Ordnungsliebe,
Tüchtigkeit – von ihm an vorherigen Adressatinnen bewundert – sind bei den Jesenskýs kaum heimisch. Und der
Vater ist wohl am ungeeignetsten, sie Milena näherzubrin-
gen, ist er doch selber ein Mann der Eskapaden. Nicht nur
seine Liebe, schon seine Aufmerksamkeit muß man sich ertrotzen.

Noch Jahre später erzählt Milena, wie er in das Sterbe-
zimmer der Mutter kam, um einen Strauß Veilchen fortzu-
nehmen. Nebenan in der Praxis saß wieder eine schöne
Patientin.

Bald wird der Vater von den kleptomanischen Auftritten
seiner Tochter in den besten Geschäften Prags überrascht,
muß gefälschte, auf seinen Namen ausgestellte Wechsel ein-
lösen, eine wertvolle Münzsammlung verschwindet und in
der Praxis Drogen. Junge Männer, Jesenskýs Schüler oder
Assistenten, werden in den besten Anzügen des Herrn Pro-
fessors ertappt. Liebesaffären haben Folgen. Da muß der
Arzt und Mann mit Verbindungen endlich zugeben, daß
ihm an dem Ruf der Tochter zumindest so viel liegt wie an
dem eigenen.

Und diese Freundschaft Milenas zu Staša, ihrer Mitschü-
lerin. »Eine unglaubliche Verbindung«, bemerkt Kafka und
schreibt dem geistige Züge zu. Prager Lästerer jedoch reden
über eine »sapphische Liaison« aus Bewunderung für Oskar

Wilde und seine bestrafte Liebe zu dem eigenen Geschlecht. Die »Ballade vom Zuchthaus zu Reading« ist doch eine mitreißende Lektüre …, denn »jeder tötet, was er liebt …«

Oder er quält es zumindest. So ist Milenas neuer Schwarm ein wahrer Schlag für den Vater. Ernst Polak, ein deutscher Jude, Literat, die Quintessenz von Jesenskýs Abneigungen. Ein Kaffeehausbewohner, der davon träumt, einmal etwas Großes zu schreiben. Sitzt im Café Arco, wo es »kafkat, brodelt und kischt«, allerdings kaum »polakt«. Das stört ihn nicht, er mag die »Arconauten«, den Geist des deutsch schreibenden Prag, der nicht volkstümelt. Er versteht die Stadt als Weltbühne.

In der Tat ist Jesenský schockiert und verordnet der Tochter eine Denkpause in einer Nobelanstalt für Psychiatrie. Dann aber gibt er nach, versieht sie mit einer Aussteuer und einem guten Rat: ab nach Wien.

So manche Kakanier ziehen dorthin. Der Krieg geht zu Ende, und Prag wird laut. Doch Wien ist tückisch, zuerst leicht, dann, als das Prager Geld durchgebracht ist, schwer, ja erdrückend. Zu Hause war Milena die Jesenská, hier ist sie bloß Frau Polak. Kein Café Arco, dafür aber ein »Herren(Huren)hof«, wo ständig der Ober ruft: »Herr Polak, ans Telefon!« Neue Anbeterinnen sammeln sich um Ernst. Milena leidet. Sie, die von den Zeitgenossen bewunderte junge Schönheit voller Grazie und Contenance, bricht zusammen, schluckt eine Handvoll Tabletten. Das erscheint ihr als Ausweg aus diesem Gewirr von Beziehungen und Gefühlen. Es muß eine Einfachheit geben, die man erwirbt, und an ihr hält man fest wie eine Weinrebe an ihrem Stock.

Sie wird gerettet und beginnt selber zu schreiben. Sie wendet sich an einen Mann, den niemand für ungewöhnlich hält, der sie jedoch fasziniert. Der Fremde macht eine Kur in Meran, gilt als scheu, ja verschlossen. Ihre Bitte, seine Erzählung *Das Urteil* ins Tschechische übersetzen zu dürfen, bewegt ihn aber zu einer Antwort.

Die Verfasserin des Briefes kann er sich kaum noch vorstellen, »... nur wie Sie dann zwischen den Kaffeehaustischen – im Arco! – weggingen, Ihre Gestalt, Ihr Kleid ...« Sie ist die erste und letzte Frau, die sich an ihn als an den wendet, der er in der Tat ist: ein einmaliger Mensch und Literat.

Milena weiß, was sie tut. Sie kann Polak strafen. Er, der strenge Richter literarischer Größen, muß eindeutig erkennen, wer hier zu seiner Frau spricht.

Entfernung und Trotz kooperieren gut. Kafka braucht Distanz, um Gefühle zu entwickeln. Obwohl auch zu ihm Milenas Eskapaden durchgedrungen sein müssen, sieht er in ihr allein das Mädchen. Sie sei so »mädchenhaft«, wie er nie etwas Mädchenhafteres erblickte. Er hat schon vergessen, daß er sie eigentlich kaum richtig sah. Sie ist für ihn die Schöne, und als sie ihn berichtigt: »bloß hübsch«, hört er nicht mehr zu. Sie ist *la belle*, er *la bête*. Sie ist das Unberührte oder das Unberührbare (in den Tagebüchern nennt er sie Mutter M), er der Beschmutzer, der es wagt, seine »krallige Hand« auszustrecken.

Doch wenn Milena sagt: »Zwei Stunden Leben sind mehr als zwei Seiten Schrift«, korrigiert er sie sanft, aber unzweideutig: »Die Schrift ist vielleicht ärmer, dafür aber klarer.« Denn er schreibt eine eigene Fassung von *Die Schöne und das Tier*. Es geht um die Unbeflecktheit der Literatur.

Das Märchen handelt von der Rückverwandlung des Tiers in den Menschen. Und da Kafka daran glauben will, betreibt er seine Korrespondenz mit einer Innigkeit und Intensität, die der Vorahnung des Scheiterns zu entsprechen scheinen.

In einer seiner Erzählungen, die Milena ins Tschechische übersetzt, in der *Verwandlung*, macht er den Helden zum Tier, zu einem häßlichen Ungeziefer, es liegt auf dem Rükken, verurteilt zum Tod, es stirbt. Nun aber erscheinen in den Briefen andere Bilder: »Ein Schritt vor mir«, meldet er

Milena, »war ein Käfer auf den Rücken gefallen, konnte sich nicht mehr aufrichten [und Kafka vergaß ihn sogar beim Lesen von Milenas Schreiben] … *erst eine Eidechse machte mich auf das Leben um mich aufmerksam*, ihr Weg führte sie über den Käfer, der schon ganz still war, es war also kein Unfall, sondern … das seltene Schauspiel des natürlichen Tiersterbens, aber als die Eidechse über ihn hinweggerutscht war, hatte sie ihn damit aufgerichtet, zwar lag er noch ein Weilchen totenstill, dann aber lief er wie selbstverständlich die Hausmauer hinauf. Irgendwie bekam ich dadurch ein wenig Mut wieder, stand auf und schrieb Ihnen …«

Milena versteht ihn und weiß, daß in seinen Briefen kein einziges Wort steht, das nicht wohlüberlegt wäre. Sie fühlt sich gefordert – denn im Unterschied zu ihm handelt sie spontan. Das entspricht ihrer Natur. Einmal, noch in Prag, verabredete sie sich zu ungenau mit einem ihrer Freunde, der nun statt auf dem linken Moldauufer auf dem rechten wartete. Damals noch weit von jeder Brücke, sprang sie ins Wasser und schwamm zu ihm hinüber.

Auch jetzt will sie zu Kafka. Aber er zögert ein Treffen hinaus, Distanz ist gut, ermöglicht Konstruktionen, Ich-und-sie-Deutung. Doch gegen die Direktheit der Tschechin ist er machtlos und läßt sich nach Wien locken. Vier Tage verbringen sie miteinander und dennoch nicht zusammen.

In Prag erscheint kurz darauf Milenas Übersetzung einer seiner Texte: »Unglücklich sein«. Sie änderte den Titel leicht, er heißt nun: *Der Unglückliche*. Das ist kein Fehler, wir erinnern uns: Unsere Sprache bevorzugt das Geschlecht. Ein Unglücklichsein ist entweder männlich oder weiblich, aber kein Neutrum.

Das Wiener Treffen gab Milena keinen Grund, nach einer anderen Deutung zu suchen.

Aber man konnte es noch umdeuten: in eine nicht genutzte Chance. Kafka schöpft neue Kraft, endlich löst er eine Verlobung auf, die ihm zu schaffen machte. Der alte Kafka sträubte sich dagegen. »Geh' lieber ins Bordell!« empfiehlt er dem Sohn, der dann einen vierundvierzig Seiten langen *Brief an den Vater* verfaßt, ohne ihn abzuschicken. Bald wird er ihn Milena anvertrauen, samt den Tagebüchern und dem *Verschollenen*. Er verläßt sich auf sie. Und er hat recht. Das Erlebnis der Nähe macht sie zur Vertrauensperson, ungeachtet der alten Geschichten (Münzsammlung etc.). Er schmiedet Pläne, ist bereit, für Milena zu sorgen – in Prag: »Ich verdiene nicht viel, aber es würde für uns reichen.« Sie jedoch zögert, nicht aus finanziellen Gründen, sondern aus körperlichen. Der »magische Basiliskus« – wie man Polak nannte, ist hier das wahre Tier. Er hält Milena in seinem Bann. Wie so viele vor ihr und nach ihr. Nur mit den Briefen ist dieser Rivale, an dem äußerlich gar nichts zu sein schien, auf den aber Frauen, sowohl die einfachen wie auch die komplizierten, wie verhext fliegen, nicht zu überwinden. Milena sucht nach Ausflüchten, äußerst typisch tschechische Unklarheiten (»Ich habe euch beide lieb«), empfiehlt zu warten, lebt in der unseren, in der artikellosen Wahrheit.

Diese ist nicht weniger wahrhaftig, aber milder. Doch Kafka, der vor dem Gesetz zittert, vor *der Wahrheit*, der Wahrheit der Wahrheiten, mag so was nicht. Selbst wenn er einsieht, daß man sich letztendlich mit Teilwahrheiten abfinden muß, läßt er nie locker.

Das wird ihn zu dem klarsten, dem wahrhaftigsten Schriftsteller machen. Aber sein Leben wird düsterer. Die Welt von damals war voller Wahrheiten, voller -ismen. Alle seine Zeitgenossen bemühten sich für kurz oder lang um irgendeine kleinere Wahrheit, Sozialismus, Nationalismus oder Kommunismus. Kafka scheiterte an seinem Respekt vor der Unreduzierbarkeit der Wahrheit, vor ihrer Unbeschreibbarkeit, selbst mit der klarsten Schrift. Es gab keine lebbare Vereinfachung für ihn. Nicht einmal mit dieser

Mutter M, mit diesem mädchenhaftesten Mädchen, das alles so einfach sah und alles so kompliziert machte ... Sie war aber inspirierend und auf eine Weise heroisch, daß sie bis heute ein Stück des tschechischen Selbst darstellt, das die Švejks und Švandas marginal macht.

Kafka und Milena werden sich noch einmal treffen, in Gmünd. Die Schöne jedoch wird plötzlich sprechen wie ein Biest. Oder er wird das erste Mal diese Tonlage nicht überhören können. Sie wird ihn – schon wieder ganz einfach – fragen, ob er ihr treu gewesen sei. In der Sprache der artikellosen Wahrheit bedeutet das: »Falls du mir, wie ich dir, untreu sein solltest, sei es dir verziehen, denn auch ich verzeihe dir ...«

Wie man sieht, ist der Weg zur Einfachheit nicht immer der verständlichste.

»Wie kann es geschehen«, reagiert Kafka empört, »daß man *so* spricht?!« Es ist daraus aber auch Erleichterung zu vernehmen. Als hätte er endlich den Grund, nicht das leisten zu müssen, wofür er hierher nach Gmünd gekommen war.

Die Rückwandlung findet nicht statt. Die Eidechse huscht vorbei, der Käfer liegt schon wieder auf dem Rücken.

Die Schöne und der dumme Hans

Manche meinen, daß Kafkas Stil in großem Maße auf dem wörtlichen Verständnis von Redewendungen basiere. Ich will diese Interpretation nicht überstrapazieren, doch »die böhmischen Dörfer« als Sinnbild der Greifbarkeit und Unbegreiflichkeit zugleich waren im Jahr 1918 – und eben im Böhmischen – ein existentielles Thema. Sie wollten nicht einmal »böhmisch« sein, sondern tschechisch.

Juden und Deutsche bekommen von verschiedenen Seiten zu spüren, daß sie unerwünscht sind. »Der *Venkov* hat recht«, schreibt Kafka an Milena, »auswandern, auswandern!« Während er sich von Milena löst, Prag zu verlassen versucht und der Schwindsucht (*souchotě*) anheimfällt, arbeitet er am *Schloß*. Die Hauptfigur, ein Landvermesser, gerät in ein unerträgliches Dazwischen. Das Schloß als Sitz einer undefinierten Macht ist unnahbar, das Dorf, in dem er zu warten hat, unheimlich. Die Frauen sind entweder zu direkt oder zu zweideutig. Der Landvermesser stirbt an Erschöpfung.

Doch in den Tagen mit Milena spürte Kafka, daß dieses »tschechische Dorf« nicht nur der Ort des Profanen ist, sondern auch die Stätte, wo sich das Karussell von Scham und Schuld, das jüdisch patriarchalische Dilemma, viel langsamer dreht … wenn überhaupt. Den Vater hält man hier einfach (erinnern Sie sich an Švanda?) für den Sohn einer sicherlich noch denkwürdigeren Mutter. Ich kann mich nicht entsinnen, daß wir jemals eine Hexe verbrannt hätten. Und unser Sagengut (aber bitte nicht das Lindasche), beginnt es nicht mit einer Seherin? Wir probten zwar gegen Libussa einen Aufstand: »Wehe uns Männern, die ein Weib verjochet, langes Haar und kurzes Sinnen«, das Ergebnis jedoch war mager. Noch immer scheint die Außenwelt, die literarische besonders, von unseren Frauen beeindruckter zu sein als von uns, den Tschechenmannen.

Und war es nicht die »Mutter M«, die erreicht hatte, daß Kafka endlich »wie ein Säugling« schlief. Nicht »wie ein Dudelsack«, wie es seit Jahrzehnten in den *Briefen an Milena* steht, gutmütig, aber falsch von Brod übersetzt. Denn in dem Schreiben an ihn, das Brod der Ausgabe beigefügt hat, sprach sie bestimmt über *dudek* und nicht über *dudy*. Und ein *dudek* ist ein Wiedehopf, oder, wie in diesem Zusammenhang, ein Säugling, der, gestillt, zufrieden schläft. *Dudat* ist auch saugen.

Mit Recht reihte Kafka Milena in diese Tradition. Der »herrlichen, unterdrückten«, die sich »nie unterdrücken läßt«. Und instinktsicher wehrte er sich dagegen, mehr als eine Liebe auf Distanz zu versuchen. Aber die Früchte seiner Nähe zu Milena, *Das Schloß* und die Briefe sowie Milenas mutiger Lebensweg bleiben. Sie sind das Exemplum der tschechisch-deutsch-jüdischen Liaison allem zum Trotz.

Drehen Sie sich jetzt um – denn Sie sind noch immer am unteren Ende des Wenzelsplatzes –, und folgen Sie Milena zu ihrer Wohnung auf dem Malteserplatz. Dies war ihr Weg, nachdem sie Wien verlassen hatte. Der Schönen gelang es endlich, den Bann des »magischen Basiliskus« zu brechen.

Von Polak belächelt, von Kafka ermutigt, etablierte sie sich in Prag als Übersetzerin und Life-Style-Journalistin. Sie zog in die Nummer 13, das Haus in der Nachbarschaft der Sieben Teufel. Bald munkelten die Kleinseitner, die Nymphen und Satyren vom Deckengemälde nebenan seien zu Milena gezogen, denn ihre Gäste galten als extravagant. Milena aber beschloß, nicht nur einfach, sondern auch glücklich zu leben. Und mit der zweiten Maxime hatte sie Erfolg. Die Heimatstadt kam ihr zwar bieder vor (»Ach, meinen Tschechen ragt das Stroh aus den Schuhen!«), aber das wollte sie ändern. Und Prag war optimistisch, aufnahmebereit und schön. Ähnlich Milena, die, schlank und tadellos gekleidet, ihren »herrlichen Körper« zur Schau trug. Man hat sie nicht nur bewundert. Wir sind in Prag, hier wird tüchtig verleumdet – auf die freundlichste Weise. Milena störte das nicht. Entschlossen zum Glücklichsein, lüftete sie den Provinzmief raus. Sie verteidigte Juden und lud große Deutsche ein, Werfel, Schwitters und Broch, Laban oder Feuerstein erschienen bei ihr. Die neue Sachlichkeit faszinierte sie, das Bauhaus, die Surrealisten, Majakowskij.

Der Weg zur Einfachheit war steil und fröhlich. Sie lebte, sie tanzte sich in die Stadt hinein. Endlich glich der Malteserplatz den besten Tagen in der Wiener Lerchenstraße.

Und endlich tauchte auch wieder ein Mann auf, den sie verehren konnte. Er war jung, begabt, schwor auf das »Bauhaus« und sollte bald selber Häuser bauen. Auch er sehnte sich nach Einfachheit. War schlicht und spontan. Einmal, im Kaffeehaus, fiel den beiden ein, daß es genau zu diesem Zeitpunkt schön sein müßte, an dem Štrba-See in der Hohen Tatra zu plaudern. Und sie riefen ein Taxi.

Milena heiratete erneut und *Der Weg zur Einfachheit* erscheint als Buch, dem Vater, »dem teuren Papa«, gewidmet. Sie will ein Kind und eine Welt, gerecht wie Jaromír, der Gatte. Der hat Visionen: Die Armen werden reich und wir, die Schöpfer der Einfachheit – nicht ärmer. Milena bestärkt, ja beflügelt ihn. Die Dinge entwickeln sich gut, Krejcar darf bauen und errichtet ein Haus, erlesen und einfach – als Wahrzeichen der Zeit, die das Schlichte predigt, als hätte sie gespürt, daß das Chaos, der Urstoff aller Komplikationen, sie bald verschlingen wird.

Natürlich verlassen die Krejcars die Kleinseite und ziehen in die Spálená, wo sich das Musterwerk – Jaromírs Olympik – erhebt. Hier sind der Mann und die Leistung unübersehbar, der Anspruch, noch Größeres zu bauen, wird nur bekräftigt.

Die Samstage »chez Madelaine«, Milenas Feste der Findigkeit und Ungezwungenheit, sind hier noch begehrter. Es kommen Genies, Genossen und manche Ganoven der Nachkriegszeit. Die Zukunft wird erörtert, sowjetisch erfaßt. Denn wo sonst könnte man noch bessere, noch schlichtere Häuser bauen als im Land der Räte, wo sich das Volk erhob und eine Welt schuf, in der »der Morgen bereits das Gestern meint ...« So schnell, so atemberaubend schreitet dort der Fortschritt voran! Verglichen mit dem tschechischen Schneckentempo spürt man in Moskau den Puls des Wandels. Dahin! Dahin!

Milena ermutigt Krejcar, lächelt, erwartet ein Kind von ihm – und große Werke. Alle um sie herum sind Menschen von Format, sie wollen Prag zur Drehscheibe Europas machen, und die Stadt scheint sich nach diesem Wunsch zu drehen.

Es ist Frühling im Jahre 1928, und nicht einmal Vít Nezval, der spätere Dichter, der Stalin-und-Frieden-Gesänge, nun aber Milenas Astrologe, ahnt Böses. Auch nicht als Surrealist und Autor magischer Texte, der er zu bleiben hofft. »Du bist Löwin«, flüstert er ihr zu, »das heißt Stärke, Stärke!« Sie fühlt sich stark, fährt in die Berge – und bricht sich beim Skilaufen das Bein.

Massive Gelenkschmerzen gesellen sich dazu. Man verstreut die Nachricht, Milena, spontan wie sie ist, habe im kalten Wasser gebadet. Die Wahrheit jedoch hat diesmal einen Artikel, einen vielleicht zu bestimmten: Der eigene Mann hat sie infiziert!

Gonorrhoische Infektion. Sie kämpft um das Leben ihres Kindes und um das eigene. Die Sterne stehen schlecht. Dieses eine Jahr macht sie zur Matrone, sie hinkt am Stock, gewöhnt sich an Morphium gegen die Schmerzen. Ihr Eheglück wird zum Wahn. Krejcar pilgert nach Moskau zu neuen Bauten. Aber der rote Stern steht ebenfalls nicht günstig. Alle Genossen sollen jetzt Bolschewisten werden, frei von der Last der Kosmopoliten, die sich komischerweise immer als Juden erweisen. Die Proletarier aber sind gesund, schlicht und kaukasisch munter wie der große Stalin.

Auch Milena, deren Tschechisch Kafka bewunderte, soll sich jetzt diesen törichten Jargon zulegen, mit dem sich die Freunde von gestern bekämpfen und dessen Monotonie die Lust am Morden nicht mehr verbergen kann. Nein, diese Art, Dinge einfach zu machen, meinte sie nicht. Sie schweigt nicht, und die Säuberer merken es sich. Einmal an der Macht, werden sie dafür strafen und töten. Da wird Milena schon unerreichbar sein, die Asche im See bei Ravensbrück werden sie kein zweites Mal auflösen können.

Alles geht irgendwie in die Brüche. Milenas Wien wird braun, Menschen, die sie mochte, putzen jetzt Straßen.

Prag wird zur Drehscheibe – zum Notausgang nach West und Ost. Krejcar kehrt zurück, froh, die nackte Haut gerettet zu haben. Werfel, Polak, Broch erscheinen unter den Adressen von einst. Milena hilft, sammelt Geld und schreibt ihre besten Texte: ein klares Nein zur Monomanie von Stalin und Hitler. Aber nicht einmal jetzt verallgemeinert sie. Ihre Einfachheit heißt nicht Einfalt. Hitler hält sie nicht für Deutschland. Und sie sagt das sogar in den düsteren Tagen um München.

Ein solches Nein in einem Europa voller Jarufer ist wie der Zielpunkt jenes Weges, auf dem man *einfach* das Schwerste tut. Oder wie schrieb das ihr Kafka? »Die Guten gehen im gleichen Schritt. Ohne es zu wissen, tanzen die anderen um sie die Tänze der Zeit.«

Obwohl wir Prager mit Vorliebe unsere Straßen nach vielen Taugenichtsen benannt haben, nennt sich keine nach den berühmtesten Tschechinnen (Heilige und Königinnen eingeschlossen). Denken Sie also an Milena Jesenská, wenn Sie in Prag flanieren. Sie ist ein Stück jener seltenen Tugend, die bei uns dafür sorgt, daß wir nicht in böhmischen Dörfern enden.

Ihr Tod war groß. Bald nach dem Einmarsch der Hitler-Truppen wurde sie verhaftet. Man fand nichts Greifbares, dennoch mußte sie nach Ravensbrück: Häftling Nummer 4714, Rückkehr unerwünscht. Sie starb dort Ende 1944. Zeugen und Berichte belegen ihren Mut und Lebenswillen. Sie soll, kurz vor ihrem Tod, ein Märchen auf einen Zettel gekritzelt haben:

»Es war einmal ein König, der hatte eine schöne Tochter, die tagelang Gedichte schrieb. Niemand vermochte es, ihr das auszureden. Bis ein Zauberer kam und sagte: ›Ein Tintenklecks muß her! Sie ist verwünscht, aber der Klecks wird das schon richten.‹ Bald darauf erschien der dumme Hans (der Pfiffikus des Tschechenlandes) und ärgerte das Mädchen: ›Du hast eine schiefe Nase.‹ Sie wurde wütend, gab nicht acht, und siehe da, schon war es sowcit …«

Nelahozeves und seine Nixe

Nun, mein Tschechenforscher, wir haben natürlich auch edlere Märchen. Das schönste erzählt von einer Nixe und stammt eigentlich aus Nelahozeves. Nicht weit von Prag liegt diese Ortschaft, die du auf jeden Fall besuchen solltest.

Nelahozeves ist ein magischer Ort. Wir schreiben ihn einem Urtschechen namens Nelahoda zu als sein »ves« (Dorf). Nelahoda bedeutet »ungemütlich«, die Lage hier ist jedoch voller Anmut. Sie ist ein Beleg für die Völker, die mit ihrem Charakter und ihren Namen hierher kamen. »Nel« ist ein vorgeschichtliches Wasserwort, das in ganz Europa verbreitet ist. Es gibt eine Nele oder ein Niel in Frankreich und in Deutschland ein Nellingen. »Hoz« bedeutet »Haus«, so wie der deutsche Namen des Ortes Mülhausen »hoz« beinhaltet und »mühl«, das wiederum aus einer anderen Volksetymologie stammt. Diesmal der germanischen, da »mil« und »nil« das selbe Sumpfwasserwort variieren. Denn nach den Kelten marschierten die Germanen ein und danach wir. Eine wunderschöne Reihung: »Wasserhausdorf«. Ein Ort der Nixen und Menschen. Kein Wunder, daß gerade hier im Jahre 1841 ein Komponist geboren wurde, der das Nixenthema in unserer meist gespielten Oper, der »Rusalka«, verarbeitet hat.

Deren Handlung ist einfach: Ein Prinz geht auf die Jagd in der Nähe eines Schlosses, das hoch über Nelahozeves thront und begegnet in einem Auenwald einem schönen Mädchen. Er verliebt sich blitzartig, obwohl sie stumm ist, stumm und schön. Was wie ein Zufall aussieht, ist jedoch Schicksal. Die Unbekannte kennt den Prinzen längst. Sie hatte sich – siehe das tschechisch Weibliche – als erste verliebt. Obwohl sie eine »víla« ist, eine Wasserfee, die außer der menschlichen Liebe alles haben kann, was sie will, wollte sie diesen Sterblichen. Ihr Wassermannvater kennt als Wesen der Tiefe die untreue und verlogene Menschenbagage. Er warnt seine Tochter in einer wunderschönen Arie. *Arme Rusalka, blaß – weh dir, o weh!* Aber seine Warnung ist vergeblich, und der Prinz wählt bald wirklich eine beredte Dame von Welt. Daraufhin kehrt Rusalka in die Auen zurück als Biest, das Menschen ins Moor lockt. Eine Hexe verspricht Rusalka die Rettung, wenn sie den Prinzen in den Tod reißt. Rusalka aber bleibt edel. So sucht der Prinz schließlich reuig nach der Geliebten, denn er weiß endlich, was sie ihm bedeutet und stirbt schließlich froh in ihren Armen.

Musikalisch ist dies der finale Höhepunkt der Oper – tragisch und versöhnlich-erotisch zugleich. Sie ahnen natürlich bereits, der Komponist heißt Dvořák. Dvořák Antonín, der Größte unserer *musici*, der als Fleischerlehrling anfing und zu unserem feinfühligsten Tonsetzer, zum kosmischen Komponisten der Tschechen wurde. Ein Mann zweier Kontinente und ein Mann des Ruhmes. Die Amerikaner werden ihn in die Neue Welt einladen, und er wird für sie eine Symphonie schreiben, die alle begeistert. Er selbst wird sie als »Symphonie aus der Neuen Welt« bezeichnen. Als siebzig Jahre später der erste amerikanische Astronaut auf dem Mond landet, erklingt das kosmische Werk als Mondscheinmusik aus Nelahozeves. Das war keine schlechte Leistung, ebenso wie die Bemühungen der Tschechen generell! Sie wollten eine Staatsnation werden und haben es mit Hilfe so großer Männer wie Dvořák und auch solcher wie dessen Librettist Jaroslav Kvapil geschafft.

Kvapils Generation ist zwar die Kafkas, aber ebenso die Lenins, sie brachte Männer hervor wie Rilke aber auch einen Hitler. Viele von ihnen erliegen dem Zauber der Jagd, sie hetzen und werden gehetzt. Immer wieder wird man sich die Frage stellen müssen, woher diese Leidenschaft kommt.

Woher also – wie konkret dargestellt in Kvapils Libretto – generell diese dunkle Neigung in den friedlichen tschechischen Hainen? In einem Land, wo in den Wäldern Pilze nur für die Suppe wachsen? Das Libretto sollte nämlich tschechisch sein, national also und für das Nationaltheater. Ehrgeizig haben wir uns auf dem Moldaukai ein solches gebaut, architektonisch dem Prunk der Ära angepaßt. Es lohnt sich, es zu besuchen, lieber Tschechenforscher, denn dort sind wir so dargestellt, wie wir uns einst selbst gesehen haben. Und wir haben dort einen Wappenspruch plaziert, der seinesgleichen schwer finden wird. »Národ sobě«: Das Volk sich selbst, die Nation.

Es ist also nicht dem Wahren und dem Schönen gewidmet, wie das bei den benachbarten Völkern üblich gewesen wäre, die das Eigene schon hatten – nein, *wir uns selbst*, da wir schön und wahr sind! Ein wenig übertrieben, aber zeitgemäß, denn letztendlich haben wir doch selbst für den Bau gesammelt, als eine Schenkung aus dem Staatsbudget schwierig zu werden schien (wie bei den anderen Völkern wiederum üblich). Aber schließlich hatten wir's! Und dankten es uns allein, ungeachtet der beträchtlichen Summe, die uns der ungeliebte Kaiser aus Wien doch noch beigesteuert hatte. Wir dachten eben an uns selbst! Zumindest in den ersten Jahren.

Dann aber kam die Ära des Dramaturgen Kvapil am Ná-rod-sobě-Theater, der nicht nur die Nation liebte, sondern auch die Musen. Die waren bekanntlich völkerfrei, jedenfalls im Sinne der damaligen Volksstammrituale, und so hat er die Tschechen den Musen anvertraut. Er öffnete uns allen diesen Kräften, und die Welt war plötzlich tschechenfreundlich.

Als neuer Chef des Nationaltheaters verbringt Kvapil den Urlaub in Dänemark. Dort läßt er sich vom Meer inspirieren, doch sein »lyrisches Libretto« zur Rusalka notiert er sich nur beiläufig. Übrigens ist auch das Wort »Rusalka« eine Entlehnung. Das Tschechische kannte bis zu dieser Zeit lediglich Waldfeen. Die wahren Nymphen haben unser Land mit den Kelten und Germanen verlassen und wurden, sofern sie überlebten, im Biedermeier domestiziert. Um also auch sprachlich für Effekt zu sorgen, mußte Kvapil Lexika zur Hand nehmen, die von eigentümlichen Wasserwesen des Mütterchens Rusa zu berichten wußten. Er wählt schließlich das russische Wort »Rusalka«, und nicht Undine wie E. T. A. Hoffmann, obwohl er sich an Fabelthemen von Andersen und Hauptmann orientierte.

Von Dänemark aus geht er nach London und nach Paris, schlichtweg dorthin, wo künstlerische Impulse zu erwarten sind. Schließlich wird er nach Wien ziehen, wo er internationale Erfolge feiert. Er kennt Reinhard aus Berlin ebenso wie Stanislav aus Moskau, inszeniert Ibsen und Tschechow, Hauptmann und Bahr, mit dem ihn eine tiefe Freundschaft verbindet.

Kvapil polemisiert, mit wem er will und eckt an, denn die Wiener Tradition will die Tschechen weiterhin herablassend als Dienstpersonal sehen. Kvapil ist darüber erzürnt – und nicht nur er. Mit seiner Rusalka wird er in Wien einen Skandal erleiden müssen. Als diese nach der Prager Premiere Wellen schlägt, wird der Versuch unternommen, sie auch in Wien auf tschechisch aufzuführen. Tja, was für eine

Frechheit: Ein Tschuschen-Gefasel auf den heiligen Brettern der Wiener Opernbühne. Die Deutschnationalen demonstrieren dagegen, und die Wiener Premiere findet nicht statt, worüber Kvapil sich persönlich grämt. Wuchs er doch mit der Selbstverständlichkeit einer freien Welt auf, familiär verwurzelt durchaus auch in anderen Teilen der Monarchie, etwa in Wien. Seine Großtante hatte dort seit dem Wiener Kongreß einen guten Namen, denn als Europa endlich nach den Dezimierungen der napoleonischen Kriege seine Vertreter zu Verhandlungen entsandte, stieg besagte Frau Klein zum beliebtesten Lieferanten von Mandelkipferln auf. Von weiterer Beteiligung der Tschechen in dieser ereignisreichen Zeit wissen die Quellen nicht zu berichten. Vielleicht schlug sich diese »Familiengeschichte« sogar in mancher Gestalt der Rusalka nieder. Kvapil hatte diese zunächst als spezifisch tschechisches Märchen gesehen. Zur Zeit des Nationalismus hätte es jedoch wohl kaum genügt, die erste Seite mit »es war einmal irgendwo in den tschechischen Wäldern« zu beginnen. Es blieb ihm also nichts anderes übrig, als es folkloristisch zu probieren, was jedoch paradoxerweise bedeutete, die »Unterwürfigkeit« als wesentliches tschechisches Klischee anzunehmen.

Ob es nun an der familiären Geschichte liegt oder am puren Zufall, Faktum bleibt, daß die einzigen tschechisch dargestellten Figuren des Librettos der Küchenjunge und der Förster sind, deren Wichtigkeit für das Geschehen man ungefähr mit dem jener Tante für den Kongreß vergleichen kann.

Am Beginn des zweiten Aktes, kaum daß man es geschafft hat, die Szenerie um Wassermanns Tümpel zu erfassen, kommen diese beiden und legen mit xenophoben Geschwätz los. Die Rusalka erscheint ihnen als Seltsamkeit, die man fürchten muß. Unverhohlen zeigt man sein Erstaunen, daß sie in *unseren Wäldern* spukt, ihr halbnacktes Wandeln unter den Bäumen wird mit plumpem Sarkasmus kommentiert. Der Förster bringt es auf den Punkt: *Wär ich Prinz, ohne Zaudern würd ich sie vertreiben.* Letztendlich manifestiert diese Feststellung gewisse Züge der tschechischen Dörflichkeit, denn laut dieser ist ein Prinz irgend etwas zwischen einem verkommenen Baron und einem wohlsituierten Söhnchen des Gutsbesitzers. Was für eine »Tschechisierung«! Es genügt jedoch schon, daß der Schloßherr auf den Stufen auftaucht und die »Besserwisser« verschwinden.

Im dritten Akt ergeht es dem Librettisten und seinen Folklorefiguren noch schlechter. Ihr Auftritt vor dem Hexenhäuschen ist gänzlich unsinnig. Beide betonen zwar, eine andere Macht hätte sie entsandt, aber es genügt ein Murmeln des Wassermanns und sie suchen ihr Heil in wilder Flucht. Das typisch Tschechische wird hier also vor allem durch Angst, Ressentiments und Unbeholfenheit charakterisiert.

Der politischen Order kommt der Librettist damit zwar entgegen, aber ganz konform geht er dann doch nicht, da er weder tschechische Bauernschläue noch Saufweisheiten mag. Für ihn ist die »Küchenbotensicht« eher eine künstlerische Option im Sinne der Opera buffa. Kvapil ist ein militanter Poet und ein liberaler Nationalist mit Sinn für Soziales. Er will das Rückgrat der Küchenjungen und Förster stärken und wird im Augenblick als die neuen, tschechischen Kräfte die Übermacht gewinnen, zu deren künstlerischem Akteur. Aber auch wenn er sich mit der breiten Masse loyal zeigt, ist sein Handeln doch vollends elitär. Ihm ist nicht entgangen, daß Völker, die etwas von sich halten, sehr wohl ihre Eliten heranziehen. Es ist daher auch nicht verwunderlich, daß er die altpatriotische Idylle nicht befürwortet. Er versucht es im weitläufigeren Umfeld und gelangt so zum größten Komponisten. Aber auch der Komponist Dvořák kann sich glücklich schätzen. Sein Wunsch, eine große tschechische Oper zu schreiben, scheiterte bislang an Librettisten und angeblich am »Wagnerismus«. Was an letzterem dran ist, kann ich nicht beurteilen, das erste Argument aber sitzt. Als er mit der Rusalka beginnt, ist er längst eine Größe mit internationaler Reputation, und das Lyrische des Librettisten kommt ihm entgegen: Wo Kvapil zuviel Sentiment an den Tag legt, mindert es Dvořák, wenn dieser dramatisch wird, hält er Schritt. Das lyrische Märchen, wie Kvapil sein Genre benennt, hat nicht viel mit dem sogenannten tschechischen Lyrismus gemein, denn es hat sehr wohl einen dramatischen Kern. Kommt das Lyrische der tschechischen Mentalität denn wirklich so sehr entgegen? Der Dichter und Literaturnobelpreisträger Jaroslav Seifert sagte dazu in seiner Rede anläßlich der Preisverleihung: »Small« ist »beautiful«! Allerdings stets in Kombination mit einem »great«, meinten die Kritiker. Ich gehöre zu ihnen, ähnlich wie Milan Kundera und viele andere, die der Meinung waren, daß das Emotionale schnell zur Hand ist und Sprüche à la die des Försters ebenfalls.

Kvapil ist davon wie gesagt nicht ganz verschont geblieben. Die Berührung mit Dvořáks archaischer Welt minderte diese Tendenz aber, denn für Dvořák ist unsere Ländlichkeit kein Gegenstand von Erhabenheit oder Rührseligkeit, sondern ein Lebensumstand. Dort regiert der religiöse Geist und keine Ismen für diese oder jene Saisonbetrachtung. Man kann behaupten, Dvořák hätte große dramatische Themen gescheut, aber der Gedanke, daß das Schöne mit dem Kleinen eng verbunden ist, geht ihm einfach »theologisch« gegen den Strich: Die Schönheit hat ihren Ursprung in der höchsten Instanz, sie ist Zeugnis der Größe Gottes. Gegenüber der Gleichung »small = beautiful« ist der Komponist gänzlich immun. Er erweiterte das Musikalische bei Rusalka um den Wassermann, denn Küchenjunge und Förster verfügen im Text bei Kvapil über gleich viele Verse wie die beiden Protagonisten. So verweist er deren Geschwätz in seine Schranken. Ist damit überhaupt erst das lyrische Märchen als Genre entstanden? Möglicherweise, aber von einem »reinen Tschechentum« zu sprechen ist übertrieben, da sich all dessen so geschätzte Charakteristika wie Menschlichkeit, Verbundenheit, Verständlichkeit, Aussöhnung etc. auch woanders finden.

Erst die Kombination Dvořák-Kvapil schafft etwas, daß man nicht »Heimatkunst« nennen darf. Eine Verbindung zwischen Märchenmuster und Sage, in der die Mächte und Kräfte sich ihre Unerreichbarkeit erhalten haben. Aber gerade weil Kvapil nicht ohne Urkräfte auskommt, kann er das Unglück des Prinzen und der Fee dem göttlichen Mitgefühl anvertrauen und macht aus der Rusalka eine tschechische Weltoper.

Auch Wien hat sich barmherzig gezeigt. Noch vor der Wende 1989, in meinen Exiljahren, erfuhr ich von einer Inszenierung und reiste dorthin. Andächtig hatte ich gelauscht und den Sängern Beifall gezollt, den Russen, Slowaken, Österreichern und Deutschen, die sich redlich bemüht hatten, das Tschechisch gut hinzukriegen. Ich gebe zu, als der Vorhang fiel, sah ich dort etwas, das dem Prager Vorhang bis heute fehlt. Statt jenem »národ sobě«, das Volk sich selbst, stand dort einfach »národ světu«, das Volk der Welt. Ich war überglücklich. Dann verschwand diese Sinnestäuschung wieder, und ich klatschte und klatschte. Erst jetzt fiel es mir wie Schuppen von den Augen, ich hatte keinen Förster oder Küchenjungen wahrgenommen. Der Regisseur Otto Schenk hatte sie kurzerhand gestrichen, und ich, der so viele Stunden mit dieser Oper verbracht hatte, nahm das gar nicht wahr. Als hätte der Gott des Mitgefühls, der das Rusalka-Finale prägt, noch einmal zugeschlagen, diesmal politisch, und die Vita Kvapils versöhnlich gedeutet. Denn Kvapil ist der Autor und Initiator des Manifestes der Literaten, die 1917 die tschechischen Abgeordneten in Wien abgemahnt hatten, gerade zu stehen und den Staat anzunehmen, der sich endlich von den Förstern und Küchenjungen emanzipierte. Die Freude darüber mußte er noch büßen, als ihn die Nazis ins

KZ schickten. Aber er kehrte zurück, um ähnlich wie sein Prinz in der unsterblichen Oper mit der Hoffnung auf Freiheit zu verscheiden. Das Volk der Welt – diese Parole hat er mit seinem Leben erfüllt.

Bienen, Ameisen und Räuber

Ich habe versprochen, Ihnen den dummen Hans vorzustellen, Honza, unseren Recken. Auch er hat keinen Vater, nur einen schlicht vermuteten Erzeuger, der keine Spuren hinterläßt, dem Sohn nichts beibringt, ihm keinen Namen gibt und praktisch nichts vermacht. Um so ausführlicher und minutiöser wird Maminka, die Mutti, geschildert. Sie ist es, die Honza verwöhnt, für ihn die Buchteln bäckt, Felder beackert, die Chalupa besorgt, während er schläft. Er liegt auf dem Ofen (*pec*), dort wo Wasser warm gehalten wird, Tücher getrocknet und Kinder gemacht werden. Unter einer *duchna* (wörtlich »die Geistliche«), einem dicken Federbett, weiß und rund, wie eine himmlische Wolke.

Hier schöpft Honza seine Kräfte, indes die Welt tobt, Mist baut, Könige stürzt, Kriege führt. Er ist kein Faulpelz oder Parasit, wie manche behaupten, er ist ein Ofen-Titan, der seinen Akku auflädt, bevor er loszieht, um Großes zu bewirken. Unsere geschichtlichen Pausen (Pannen) haben wir auf die herrliche Weise gedeutet: Sind wir nicht dabei, ist es nicht ernst genug. Erst wenn wir auf den Plan treten, wird es ernst ...

Noch aber ist gute Weile, die Maminka mahnt noch nicht, auch das Dorf ist noch ruhig. Doch hinter vorgehaltener Hand bereut die Alte, daß sie einen Dämlack mästet, der niemals mit anpackt. Sie unterschätzt Honza, er reift zu den Taten, errät den richtigen Zeitpunkt. Irgendwo schreibt eine Prinzessin zum Verdruß des Vaters tagelang Gedichte oder denkt sich komische Rätsel aus, die nur so ein Dummer ernst nimmt und löst. »Da muß ich hin«, sagt Honza zur Mutter, »die Welt der Klugscheißer ist wieder put! Maminkoo (Du, Mamilein!), her mit den Buchteln!« Er schneidet sich eine Tannenrute zurecht, hängt sein Bündel daran, schultert beides und zieht von dannen.

Eigentlich ist er ein Schönling, von kräftiger, ein wenig untersetzter Statur, hat blaue Augen, schwarzes Haar, er trägt eine runde Pelzkappe mit rotem Deckel, eine blaue Joppe mit Messingknöpfen, glänzend wie Gold.

Wenn Sie ihn treffen, grüßen Sie ihn mit Ehrfurcht. Er hat schon unzähligen Prinzessinnen das Dichten abgewöhnt. »Herr König!« sagt er (nie »Eure Majestät«), »das Mädel muß ran an die Arbeit, unter das einfache Volk! Schluß mit den Kinkerlitzchen!«

Denn er ist ein Moralist. Predigt vom Ofen herunter Arbeit und schöpft dabei seine titanische Kraft, um einzuschreiten, wenn der weltliche Hochmut wieder blüht.

Bescheidenheit ist unsere Zier. Seitdem wir die Zábojs und Lumírs los sind, baden wir in den seichteren Teichen des Stolzes. Unsere hervorstechenden Eigenschaften sind Rechtschaffenheit und Fleiß.

Das macht die Nachbarschaft zu Deutschland. Wir wollen mithalten und passen uns unserer Deutung der Deutschen an. Ab und zu wundern wir uns, wenn sie die Nase wieder vorn haben, obwohl sie gestern noch so verdammt weit hinten lagen.

Aber meistens halten wir mit. Die Biene Maja ist dafür ein Beispiel. Bei uns hat sich ein ähnlicher Held etabliert:

die Ameise Ferdi. Die Maja ist Ferdis entfernte Nichte. Am Ende könnten die beiden heiraten. Die tschechischen Ameisen sind nämlich männlich.

Waldemar Bonsels deutscher Klassiker hatte einen emsigen – im wahrsten Sinne des Wortes – tschechischen Leser. Einen Ondřej Sekora, Illustrator und Erzähler, dessen *Ferda Mravenec* (Mrawenetz) die inspirative Quelle nicht leugnen kann. Und dennoch handelt es sich um ein tschechisches Werk par excellence.

Während Maja schon am ersten Tag ihres Lebens und auf den ersten fünf Seiten des Buches alle Begriffe verinnerlicht, denen sich Bonsel freiwillig verpflichtet hatte (Staat, Treue, Volk, Feind und Heimat), bevor sie endlich – aus Versehen und aus Übermut – ihre Abenteuer wagen kann, erfährt Ferda nichts dergleichen. Er ist lauthals und erfinderisch, bastelt einen Schlitten aus der Nadelstreu und saust den Ameisenhaufen hinunter. Ein Junge hört das Gejohle zu seinen Füßen, fischt den Sportler heraus und steckt ihn in eine Streichholzschachtel. Intelligenz und Zufall entwickeln hier die Geschichte.

Die Welt ist eine individuelle Herausforderung selbst für so ein kollektivistisches Tier wie eine Ameise. Die Gefahren sind zahlreich, aber eher lustig als ernst. Schon der Name vermittelt nichts Frühlingshaft-Maiiges, Ferda ist Ferdinand, und wir wissen's schon, ein überzeugter Tscheche nennt so höchstens seinen Hund oder sein Pferd. Ein Schlitzohr heißt »Kuliferda« oder eben *dýze týpiš čechiše ámajse, ajne klúge, dý zich befrajt auz dér šachtl.*

Eine männliche Ameise, plötzlich in den Gräsern eines überdimensionalen Irgendwo allein auf sich gestellt und angewiesen auf die Kunst zu basteln. Ferda, unser Gschaftelhuber mit dem rot gepunkteten Tuch um den Hals und der Riementasche über der Schulter, schleppt alles mit. Das Werkzeug des tüchtigen Tschechen: Schraubenzieher, Zange, Draht und Schnürchen. Allein in der Fremde, baut er sich sofort was Festes. Na, raten Sie mal? Eine Chalupa, denn er hat seine Würde und sein Wappenschild über der Tür:

Ferda Mrawenetz
ARBEITEN ALLER ART

Er ist die Ameise des dreifachen A. Aus der Nachbarschaft, die bislang, so scheint es, keinen so tüchtigen Tüftler hervorgebracht hatte, kommen Kerbtierrepräsentanten, Libellen, Schmetterlinge, Spinnen und Blattwanzen. Alle haben etwas zu kitten und zu löten. Ein Grashupfer wird gefangengenommen, gezähmt und vor einen Nußschalenwagen gespannt, den Ferda baute. Was für ein glückliches Leben! Bis zum Tag des Sündenfalls, an dem sich Ferda in eine Beruška verguckt. Einen Sonnenkäfer, einen Siebenpunkt – weiblich, bei uns.

In der Vorahnung großer Skandale wegen sexueller Belästigung, die siebzig Jahre später Großmächte erschüttern werden, konzipiert Sekora die schicksalhafte Verwicklung seines Buches als Beruškas falsche Anschuldigung wegen *sexual harassment*.

Natürlich ist Ferda unschuldig, er tätschelte der Dame nur ihren Pünktchenpo, nicht daß er von ihr etwas wollte, nur brüderlich, so wie man einem Kumpel auf den Rücken klopft. Sie aber schrie sofort los, rief Zeugen herbei und die Papparazzi, die Schlagzeilenjäger. Blattläuse waren bereit – ruhmsüchtig – zu schildern, was nie geschah et cetera. Erkennen Sie die historische Weitsicht? Ein Streber als Staatsanwalt, die Jury, das Urteil, öffentliche Bestrafung. Schon hebt sich der Schlagstock in den Händen des Schergen, das Stadion stöhnt vor Schaulust. Da springt die Folterbank hoch und über alle Berge: Das Ferda-Pferdchen war darunter versteckt. Wir Ferdas haben Freunde.

In unserem Kinderklassiker findet keine Schlacht statt.

Keine Erbfeinde werden abgewehrt, wie die Hornissen, die Schlächter der Bienen, keine »todkühnen Offiziere« freuen sich hier »des Befehls laut vorzustürmen …«, um den »feinen, unendlichen Spitzenstachel in den Hals des Räubers zu schlagen«. Es werden keine markigen Sprüche geklopft wie: »Sein kühner Soldatentod hat allen die Seligkeit der hohen Todesbereitschaft ins Herz gesenkt …« Ferda hat nicht gerne Feinde.

In unserem Kinderklassiker werden keine tötenden Stiche verpaßt, höchstens Wunden verarztet oder Risse vernäht. Ferda folgt keinem Befehl, siegt alleine, nur für sich oder zusammen mit einigen Kameraden. Und wenn Beruška Massen in Bewegung setzt, zaubert ein freundliches Spinnlein einen Spinnwebballon aus dem Hut, Ferda steigt in dessen Gondel, und mit dem Pünktchenhalstuch winkend, sieht er sich nach einem anderen Land um. Für eine Ameise, das kollektivistischste aller Insekten, keine schlechte Leistung!

Sollte er bei Ihnen landen, seien Sie freundlich zu ihm, denn er ist kein mieses Exemplar unserer Gattung. Und schauen Sie sich sorgfältig all das an, was eventuell ver- oder ausgebessert werden könnte, nicht nur bei Ihnen zu Hause, auch die breitere Umgebung kommt in Frage. Loben Sie Ferda und bremsen Sie unauffällig seine Emsigkeit.

Wie jeder Erfindergeist ist er chaotisch. Seine Kreativität zeitigt manche Ergebnisse, deren Nutzen nicht auf den ersten Blick zu erkennen ist. Zeigen Sie ihm keine perfekten Instrumente oder Maschinen. Zumindest nicht gleich am ersten Tag. Er wird nämlich kaum glauben, sie brauchten keine Nachbesserung und könnten ohne Ferdas Eingriff funktionieren. Aus einem dederonischen Trabant (DDR – Dederonen, so nannte man bei uns die Ostdeutschen), einem Auto, das es ihm besonders angetan hat, konstruiert er einen Rasenmäher, eine Wasserturbine oder einen Einkaufshubschrauber, alles zusammenfaltbar und eventuell auch als Rasierapparat zu gebrauchen. Nichtsdestotrotz schlummert das Auto als genetisches Muster weiterhin in allen diesen Geschöpfen. Und wenn Ferda danach ist, stellt er es in seiner ursprünglichen Form wieder her und fährt darin mitsamt seiner ganzen Sippe – ins Häuschen.

Seien Sie gewarnt, bevor Sie ihn in Ihr Haus hineinlassen! Aus der Garage macht er eine Werkstatt, aus dem Balkon ein Lager für Ersatzteile von allem, was irgendwann mal in die Brüche gehen könnte, aus dem Wintergarten einen Meerschweinchenstall und Holztrockenraum. Und auch der Trabbi braucht Schutz. Er steht in der Einfahrt des Hauses unter einer Teerpappe- und Stangenkonstruktion, die ungeachtet ihrer Zerbrechlichkeit Wind und Regen trotzt. Und Ferda spaziert am Gartenzaun hin und her, lächelt Leute an, die auf der Straße langsam vorbeigehen. Er weiß, daß sie ihn im stillen bewundern.

Mit Rumcajs, dem anderen Vorzeigetschechen, haben wir nicht soviel Glück. In der Galerie der Helden, so wie sie unsere Märchen- und Kinderwelt vermittelt, ist Rumcajs eine seltsame Blüte. Auch er ist deutsch-verwandt. Hat jedoch Sekora mit seiner Ameise das deutsche Vorbild veredelt, ist Václav (*WAZ* + *love*) Čtvrtek mit seinem *Räuber Rumcajs* ein Mann für das Grobschlächtige.

Čtvrtek, fünf Konsonanten auf einmal! Toll! Ich bestehe nicht darauf, *majn Čechenfrojnd*, daß du das jetzt einwandfrei auszusprechen lernst. Ich wollte nur zeigen, wie hart wir sind – auch mit uns selbst. Der Name explodiert förmlich auf der tschechischen Zunge. Er ist eine akustische Splittergranate. Dabei verbirgt er in sich einen ganz harmlosen »Donnerstag-Wenzel«, der gewiß mit Spannung *Der Räuber Hotzenplotz* las.

Ottfried Preußler schrieb dieses herrliche Kinderbuch, als eine Art *summa Bohemica* seiner Kindheit und Jugend bei uns, die jählings in Krieg und Gefangenschaft mündeten. Er schrieb es in Deutschland, als er zu den Seinen durfte, die wir dorthin vertrieben haben, als plötzlich auch unsere Wahrheit einen so bestimmenden Artikel hatte, daß es mit uns nicht mehr auszuhalten war. Er nahm aber die hiesige Märchenwelt mit, die Märchenmentalität des Landes als ein unsichtbares, unbeschlagnahmbares Übergewicht zu den erlaubten fünfzig Kilo Gepäck seiner Landsleute. Die Figuren aus dem Worlitzer Wald irgendwo zwischen Liberec-Reichenberg und Jičín-Gitschin und anderen Hainen und Fluren. Der kleine Wassermann, die kleine Hexe, der Kasperl und Seppl, der typische »Policajt« Dimpfelmoser (der bei uns Šmidra heißt) bevölkern seitdem deutsche Landschaften, zogen nach Japan und Amerika – nur heim zu uns wollen sie nicht. Dabei haben zumindest sie ihr Heimatrecht nie verloren. Deshalb läge es nahe, sie als Sprößlinge des Landes zu ehren, zu übersetzen und den tschechischen Kindern zugänglich zu machen.

Aus unerforschlichen Gründen geschah es nicht. Statt dessen tauchten, immer in einem zeitlichen Zusammenhang, tschechische Wassermänner, Räuber und Feen auf, die denen von Preußler ähneln. Man hätte das sicher längst als einen höchst interessanten Zufall vermerkt, hätte es nicht diese sichtbare und unsichtbare Mauer des geteilten Europas gegeben, hinter der nur das Unsrige blühte. Preußler müßte Montag heißen, um seinen schöpferischen Vorsprung vor dcm Herrn Donnerstag-Čtvrtek deutlich zu machen. Der kleine Wassermann nennt sich dann Česílko (Reuselein), die kleine Hexe ist eine Amalka-Fee und der Hotzenplotz eben der Rumcajs ...

Ich will hier keinen Herkunftsstreit entfesseln. Einige von Čtvrteks Texten haben Witz, Poesie und sind kristallklares Tschechisch. Mich fasziniert der Rumcajs. Oder das, was die Rückversetzung in die Heimat mit ihm und aus ihm machte.

Sie machte ihn ebenfalls zum Räuber, irgendwo zwischen

Jičín und Liberec. Sein Hauswald nennt sich Řáholec. Auch hier ist das, was in der echten Sagenwelt immer den Schrecken weckt, niedlich, tschechisch teuflisch. Das Originelle an Čtvrteks Rumcajs ist jedoch die Ideologie. Rumcajs ist ein Mini-Tscheche der Husák-Ära. Er stiehlt nicht, um zu leben, er lebt, um zu stehlen. Er sieht zwischen den beiden Bereichen keinen Widerspruch. Nach dem Motto »Wer nicht stiehlt, bestiehlt die Sippe« ist er tüchtig und doch bemessen. Er hat auch die andere Regel jener Zeit verinnerlicht: »Wer über seinen Rang stiehlt, wird bestraft.« Rumcajs sorgt also für seine Manka, die Mutter seines Cipísek, des Söhnchens, freut sich auf die Tage mit ihnen im Řáholec (Rauhholz?), dem Hauswald, so wie die während der Woche damit beschäftigten Alltagstschechen all das zu ergattern, was Mutti und Kindlein noch entbehren, sich auf ihre Chalupas freuten. Und freilich überlistet der Rumcajs seinen – wie anders – schrulligen Fürstenherrn im Jičíner Schloß. Mit den städtisch-fürstlichen Dimpfelmosern hat er ein genauso leichtes Spiel. Die Macht – und zwar jede – ist ihm suspekt, darum tschechelt der Fürstenherr nicht akzentfrei, sondern hat einen ganz leichten teutonischen Zungenschlag. Die Entwertung alter Werte ist radikal. Die Verniedlichung der einstigen Schreckensgestalten erschreckend. Es geht einzig und allein ums Stehlen.

Mit diesem Buch in der Hand konnte sich jeder Paddelsepp in seinem Kanu auf dem Ferienteich bei Písek oder Strakonice wie Noah vorkommen, der einer Sintflut trotzt und nur darauf wartet, zu passender Stunde eine tschechische Taube in die Lüfte zu entsenden, um zu erkunden, ob die Unzeit zu Ende sei. Jeder kam sich gleich wie ein Widersacher vor. Er rief nicht nach einer abstrakten Freiheit, er erkannte das Wesen: Es war nicht nötig, das System zu stürzen; man stahl, bis es von selbst auseinanderfiel.

Čtvrteks Bücher eroberten zwar nicht die Welt, jedoch die Herzen der Tschechen. Auch Rumcajs war ein großer

Erfolg. Nur: Als in der tschechischen Arche die Luft des Festlands nicht mehr zu leugnen war und Noah nach einem Testtäubchen suchte, gab es keines. Der Rumcajs hatte es vorher für Manka gebraten. Und der Vogel, der von den Ufern kam und stürmisch bejubelt wurde, entpuppte sich als diebische Elster mit einem Kieselstein im Schnabel.

Ein heiliger Bengel

Wenn Sie auf Rumcajs treffen, seien Sie vorsichtig. Öffentlich trägt er keine Pistole mehr, auch keinen spitzen Räuberhut, doch er zielt auf Reisende und Wanderer. Lächelnd fragt er Sie nach Dokumenten, die Ihnen angeblich fehlen. Prompt macht er sie auf Regeln aufmerksam, gegen die Sie verstoßen haben, und wenn Sie bei der nächsten Begegnung bereit sind, das vorherige Soll zu erfüllen, erfindet er neue Statuten von erstaunlicher Kompliziertheit.

Für seine marktkonforme Gestalt haben wir sogar ein neues Wort kreiert: *tunelovat* – »Tunnel bauen«. Rumcajs als *tunelář* – »Tunnelierer« ist keine nützliche Ameise, kein Ferda Mravenec, das fleißige Wesen der tschechischen Haine. Tunelovat bedeutet, besonders klug zu klauen: Man täuscht Ihnen vor, Sie hätten ein gemeinsames Ziel mit Ihrem Geschäftspartner, auf das sie beide hinarbeiten. In Wirklichkeit aber helfen Sie dabei, einen unterirdischen Gang zu bauen, durch den das meiste Manka und Cipísek zufließt.

Cipísek ist ein heiliger Bengel. Seit eh und je liefert er unseren Rumcajsen den ehrbaren Grund für ihre Raubzüge: »Ich tu es doch für das Kind!« Unser Ganove wäre vielleicht fähig, Manka für Blanka zu tauschen – einen Cipísek braucht er nicht nur genetisch, sondern auch ideologisch. Čtvrtek erkannte diesen Clou und leitete deshalb den Namen Cipísek aus einem tschechischen Schimpfwort ab. Das gängige »Kru*cipísek*!!!« ist eine von vielen Priestern mit Mühe erreichte Milderung des blasphemischen »Krucifix / us / … und so weiter Herrgott!!!« Die Gottesfürchtigen haben (schon vor Generationen) so lange Sand (*písek*) in das Getriebe unserer heidnischen Seelen gestreut, bis die Ahnen bereit waren, den lieben Gott durch Sand zu ersetzen …

Dahinter steht eine ganze Philosophie: Man schimpft und liebkost zugleich, wenn das Kindlein angerufen wird. Auch etwas Göttliches ist dadurch ins Spiel gekommen. Rumcajs stiehlt nicht nur für das »Sandmännchen«, sondern im Auftrag eines noch unbekannten Gottes. Es ist also dezent unchristlich, aber nicht total abtrünnig.

Eine Hommage an Preußler ist auch der Räubername. Er hört sich ausgesprochen deutsch an. Čtvrtek, ein Leser von diesem, huldigt hier seinem Meister. Das bayerische »zeissen« spukt darin: etwas Verworrenes auseinanderzupfen. Demnach wäre Rumcajs einer, der *herumzeißt*, ein Absahner im kleinen. Tschechisch hat nur die Endung Sinn. Sie äfft das Deutsche nach und wird Worten hinzugefügt, um eine negative Aussage zu steigern. Das *hovňajs* ist nicht nur »ein Dreck« als Antwort auf Ihre Bitte, es ist auch eine ironische Abmahnung, sich gefälligst etwas Besseres einfallen zu lassen. Als würde ein Engländer statt *shit shit-ays* erwidern.

Der Name Rumcajs beschreibt also, woran man ist, wenn man an diesen Herrn gerät. Natürlich spricht er neuerdings Englisch, radebrecht es mit Ehrgeiz. Längst hat er sich den Tunnel zwischen Calais und Dover angeschaut, ob auf diesem Weg den Engländern nicht beizukommen wäre. Doch

Robin Hood, Kollege und harter Bursche, gibt ihm noch zu denken. Er hat sich auch eine Visitenkarte zugelegt:

Mr. R. Umtsays
consulting agency

Vor Ihnen steht ein Mann mit freundlichen Fältchen um die Augen, einem leicht graumelierten Bart und wird redselig.

In den Tagen der Diktatur hätte er Schwierigkeiten gehabt, es war nicht üblich, sich aufzulehnen … Er jedoch hätte der Obrigkeit Streiche gespielt, vergeblich hing ihm die Polizei an den Fersen. Nicht direkt ein Dissident, aber fast einer …, eher so was wie ein wirksamer Widerständler. Er und seinesgleichen haben über das Alte nicht getratscht, sondern es auseinandergenommen …

Auf der Rückreise von Deutschland nach Prag bin ich ihm kürzlich begegnet, dem Rumcajs, diesmal war er als Schaffner verkleidet. Er sieht meine deutsche Fahrkarte und fragt mich auf deutsch, ob ich wisse, daß in Tschechien ein Schnellzugzuschlag zu entrichten sei. Ich wundere mich (nach Eger ratterte der Zug auffallend langsam auf den holprigen tschechischen Schienen), er – noch höflicher – schlägt vor, daß ich 64 Kronen nachzahle.

»Hovňajs!« sage ich jetzt auf tschechisch. Und er, erstaunt, verschwindet in Fahrtrichtung.

Kater Mikeš und Rübezahl

Aber ich will Sie nicht entmutigen. Es gibt nicht nur »Rum-zeisse«, es gibt auch Zeisige bei uns, eine wesentlich ange-nehmere Tschechengattung. Wir nennen uns in der Tat Zeisige, wenn wir liebevoll ironisch von uns sprechen. In Ihrem deutschen Wort klingt das tschechische *čížek* mit.

Der Zeisig ist ein zierlicher Vogel, ein lebhafter Sänger der Haine, dessen munteres »Tschicktscheck« uns geschmei-chelt hat. Sind nicht eigentlich wir diese Finkenvögel, Be-wohner eines blühenden Tschick-tscheck-Landes? Stets gutgelaunt, bescheiden, aber stolz? Da stört es nicht einmal, daß der Zeisig viele Käfige ziert. Wir sind vital genug. Nie konnte man uns – als ganzes Volk – einsperren, und manch einen Frühling schmetterten wir – um Prag herum – so herrlich, daß man sich den Namen merkte.

Es tschickelt und tscheckelt immer noch mächtig, wenn die Čížeks ihre Nester bauen. Sie heißen nicht Chalupas. Čížeks bauen *domeks*. Es sind kleine Dome. Die dunkel-gelbe Fassade mit zwei Fenstern unter dem Walmdach erin-nert an ein Menschengesicht und das Gelb an den österrei-chischen Ursprung. Es trotzte hartnäckig all den Engpässen der Mangelwirtschaft, möglicherweise aus unbewußter Dankbarkeit der Zeit gegenüber, in der der Čížek in sich den industriellen Drang entdeckte und die Chalupa verließ.

Ein Čížek stiehlt nicht, stellt sich nicht dumm, zeugt meistens herrliche Kinder, denen er abends Märchen vorzwitschert. Wie etwa das von Mikeš, einem pechschwarzen Kater, der mit den Menschen so natürlich redet, daß sie es nicht einmal merken. Wenn Sie Prag verlassen, um Ausflüge zu machen (in dem Tschick-Tscheck-Land ist alles an einem Tag erreichbar), fahren Sie über die Autobahn Richtung Brünn bis nach Chocerady. Nach zwanzig Minuten landen Sie bei Mikeš in Hrusice.

Vielleicht sollte ich sagen bei Josef Lada (1887–1957), da Lada der geistige Vater des Katers ist. Inzwischen ist das Tier aber so selbständig geworden, daß sein Schöpfer zu kurz kommt. Sie stammen beide von hier. Und durch sie wurde der Ort zum böhmischsten aller böhmischen Dörfer, gleichzeitig aber zu einem waschechten Tschechendorf. Zu dem Sinnbild des tschechischen Lebens, so wie wir es selber mögen.

Hrusice inspirierte ein Werk, das Wärme und Witz verbindet. Gezeichnet und erzählt mit Biß, nie aber gnadenlos wie etwa bei Wilhelm Busch, dessen Beliebtheit und Bedeutung der von Lada entspricht. Pastellfarben und klare Konturen mischen Statik und Dynamik zusammen. Doch selbst an der Grenze zur Karikatur behält der Stil ein wohlwollendes Augenzwinkern. Das Dorf ist ein Symbol des Verständnisses. Vielleicht auch deswegen, weil Josef Lada sich seiner annahm, als die Zeit der Agraridylle zu Ende ging. Als es dem Druck der Modernität nachgeben mußte, aber wie ein erlöschender Stern noch einmal aufleuchtete.

Lada, Hašeks disziplinierter Intimus, zeichnete nicht nur den braven Soldaten Schwejk – und dies so unnachahmlich, daß es seitdem niemandem gelungen ist, diese Figur anders zu erfassen. Lada eroberte auch das tschechische Kinderzimmer mit seinen Gespenstern, unglaublich faulen, aber nicht fiesen Honzas, klugen Prinzessinnen, die unterwegs sind, um Prinzen zu befreien – und vor allem mit diesem sprechenden Kater, der uns seit fünfzig Jahren ohne erzieherischen Dünkel und Massenmythologie begleitet.

Mikeš (Kläuschen) zieht in die Welt. Als sprechendes Wesen spricht er auch deutsch. Er könnte wahrscheinlich auch hindu sprechen. Er ist der begabteste Kater, den ich kenne. Sollte in Hrusice statt Lada ein steinerner Mikeš stehen (Sie sehen, ich sorge hier für eine kleine Umverteilung der Standbilder und Straßennamen), laßt uns nicht pingelig sein. Lada würde sich freuen. Das Standbild aber müßte nach Norden blicken, in die Richtung unseres Märchen-Mekkas, das Dreieck zwischen Iser-, Riesen- und Adlergebirge – die *terra fabulae* der Tschechen.

War der Süden der Landesteil, der uns die meisten Heiligen schenkte, so ist der Nordosten die Heimat der Fabulierer.

Fahren Sie also Richtung Český Brod (Brod = Furt, Max Brod hat nichts mit »Brot« zu tun), nach Nimburk. Wer Bohumil Hrabal gelesen hat, sollte in einem der dortigen Wirtshäuser ein Bier zu seinen Ehren trinken. Einst hat es sein Onkel Olin gebraut. Hrabals geliebte Mama (schon wieder eine der tschechischen Maminkas) bedachte ihren klugen Sohn mit Streicheleinheiten, die er uns später in seinen Büchern so reichlich zurückgab.

Dann aber weiter nach Jičín. Um Jičín herum dürfen Sie sich verirren. Sie landen zwar auf den schlechteren Straßen, dafür wird der Ausblick um so besser. Ein Paradies, ein Miniatur-Eden wird Sie verschlucken. Mit Burgen, Schlössern, Teichen und Felsen. Aus einer kleinen Burg namens Valdštejn stammten Raubritter, die später, reich und salonfähig geworden, einen gewissen Wallenstein hervorgebracht haben. Ihr einstiger Wohnsitz ist heute nur noch ein Haufen Steine mitten im Wald, um so mächtiger sind die Spuren des

Feldherrn. Jičín wollte er nach einem siegreichen Krieg zum Zentrum seines Besitzes ausbauen … aber wieder einmal hat es ein Ferdinand (1634 in Eger) vereitelt. Der ließ ihn erstechen. So blieb es nur bei dem Schlößchen direkt auf dem Marktplatz, in das der Literat Čtvrtek übrigens den »Fürstenherrn« einquartierte, um seinem Rumcajs einen Fremdling als Zielscheibe für seine patriotischen Diebereien zu liefern.

Der echte Fürst kam nur als Leiche. Man begrub ihn in der hiesigen Kartause, die ebenfalls auf sein Geheiß erbaut worden war. Später erlangte sie als Kerker berüchtigte Berühmtheit – und dient noch heute diesem Zweck. Irgendwie gelingt es uns auffallend oft, Bauten, die wirklich Besseres verdient hätten, in Gefängnisse umzuwandeln.

Um Jičín ranken sich wenigstens zwei Anekdoten, die das Städtchen menschlicher machen. Man erzählt, die schöne Kartause habe den jungen Jakub Kraus, auf der Suche nach einer Werkstatt für seine geklebten Papiersäcke, in diese kakanische Bilderbuch-Kreisstadt gelockt. Seine im Österreich jener Jahre eine Marktlücke füllende Idee bescherte uns quasi als Nebenprodukt den gängigen Ausdruck »Tüten kleben«.

Jakub heiratete eine schöne Arzttochter, die ihm 1874 als neuntes Kind und fünften Sohn den Kaja gebar. Er spielte mit Frantas, Honzas, Pepas direkt vor dem malerischen Valdštejnschlößchen. Ob wir nicht einen Karel statt eines Karl Kraus bekommen hätten, als Literaten tschechischer Zunge, hätte sich der Vater sprachlich besser angepaßt? Mit dem Spott und Charme hätte der Junge es bei uns schwergehabt. In unserem ständigen Heimatfilm war kein Platz für solche Typen.

Als die Kartause schon Gefängnis war, saß dort ein Räuber ein, kein Rumcajs, sondern ein echter. Babinský war sein Name, ein Rinaldo Rinaldini der Gegend, besungen in einem langen, derben Lied, das mit einer Henkersleistung imponiert, die nicht so schnell ihresgleichen findet. Babinský schickt darin seine Geliebte mit der Begründung weg:

>>Lauf, mein Schätzchen, lauf und eil,
heute fällt das Henkerbeil<<

und der Volkstexter fügt dann lakonisch hinzu:

pak mu hlavu usekli
až u samejch fuseklí.

Dieser Reim (etwa: Sie hackten ihm die Rübe knapp / bis an den Rand der Socken ab) ist genial sprachverschachtelt. Er erwärmt oder, besser gesagt, das Fusekle erwärmt viele kleine Herzen. Denn das Babinský-Epos (in unzähligen Strophen) ist inzwischen zu einem Kinderlied geworden, und Babinskýs Fusekle leben im heutigen Tschechisch weiter, wie es sich für eine Reliquie gehört.

Dem tatsächlichen Räuber hackte man die Rübe nicht ab. Brav saß er seine Strafe ab und landete danach als reumütiger Gärtner in einem Nonnenkloster. Den Bock zum Gärtner gemacht! Nicht schlecht – und sehr tschechisch.

Wir haben auch Rübezahl zum Gärtner gemacht. Die *terra fabulae*, in die ich Sie führe, hat einen Winkel zwischen der Upa und Metuje (uralte Wasserbezeichnungen *ap* und *met*), in dem sich das unberechenbare Bergwesen besonders gerne aufhält. Es ist eine >>naiv geöffnete<< Gegend, mit sanften Hügeln und rotem Sandstein. Ein Vorhof des Riesengebirges, fast von allen Seiten können Sie die Sněžka erkennen, die Schneekoppe, unseren Mount Everest.

Das deutsche Adjektiv Riesen- übertreibt. Es ist ein Zwergengebirge. Riesen gab es hier in Paläozoikum, und das ist lange her. Die Äonen haben den Stein abgeschliffen, alles ist kleiner geworden, aber nicht mittelmäßig. Es sind Berge. Wir nennen sie Krkonoše. Doch haben wir sie nicht getauft. Die »*Kork*ontes«, unsere erstmals erwähnten Vorgänger spuken in dem Wort herum. Ein »Craig-y-nos« liegt zwischen Cardiff und Brecon. »Welch ein Zauberwort!« begeisterte sich unlängst ein deutscher Reisender über den Namen des schottischen Orts. »Trolle tanzen darin, alte Beschwörungsformeln, alte Schlüssel zum Einstieg in eine ganze Welt berauschender Träume.«

Unsere Krkonoše sind der Plural von Krkonoš. Wenn wir nicht à la Linda an *krk* (Hals) oder *nos* (Nase) glauben und in dem Massiv eine altslawische-tschechische Heilstätte für Rhinolaryngitis sehen wollen, so müßten wir unter *craig* und *nos* »Feuchte« oder »Berge« verstehen, und wir sollten uns darüber freuen, ein europäisches Uraltwort in unserer Sprache aufbewahrt zu haben.

Und obwohl eher klein, sind sie alles andere als harmlos. Urplötzlich kann das Wetter umschlagen. Ein Wolkenbruch, ein Schneegewitter oder Blitzschlag aus heiterem Himmel sind für manchen eine böse Überraschung. An solchen Tagen zeigt er, »Krakonoš«, Präsens. Nicht unähnlich Apollo auf dem Parnaß mit seinen Musen, war er auf dem »Kraknaß« ein Berggeist mit göttlichen Attributen. Zu seinen Ehren blüht dort das Edelweiß. Hüten Sie sich, es abzupflücken. Solche Untat ahnden moderne Strafgeister in Gestalt der Umweltschützer. Hier läßt Krakonoš die Elbe entspringen und nach Süden fließen. Seitdem kostet es uns große Überredungskunst, daß sie bei Pardubice ihren Lauf ändert und nach Dresden umschwenkt, damit die dortigen Deutschen sich nicht vernachlässigt fühlen.

Krakonoš ist Rübezahl! Er wird bei uns vielerorts auch Rýbrcoul genannt. Woher das »r« kommt, ist mir schleierhaft. Es muß aber irgendwann einmal den deutschen Mündern geläufig gewesen sein. Denn das Tschechenohr überhört ein »r« nie! Dieses »r« wiederum würde den Rübezahl als *Hruobozagel* – »Rauhschwanz«, wie sein Name in Deutschland gedeutet wird – nicht zulassen.

Wie dem auch sei, Rýbrcoul ist Krakonoš. Obwohl Krakonoš nicht als Überzwerg des Unterirdischen, gestützt auf eine Keule, erscheint, wie auf einem Gemälde von Moritz von Schwind. Er hat einen langen Bart und Haare wie Michelangelos Jehova in der Sixtinischen Kapelle. Oder er trägt eine Försteruniform und sieht aus wie der greise Kaiser Franz Joseph. Motive und Begebenheiten rund um diese Gestalt sind durchaus den deutschen ähnlich, bloß um dieses oder jenes Zauberkraut angereichert, das die Moral entschärft – wir sind in der *terra fabulae* der Tschechen.

So ein Land verträgt keine fanatischen Scharen. Hier lebt und webt jeder für sich, als stünde der Webstuhl noch immer in der Hütte. Man kennt jeden Faden, erfindet neue Muster und liefert herrliche Stoffe.

Die Muse der Tschechen

In diesem Landstrich wuchsen Individualisten auf. Heimische Bibelleser, Deuter der Apokalypse, Spiritisten, Sektengründer. Die Weber an ihren Webstühlen woben Tagträume und Weltlegenden zusammen. Die Wahrheit war ihnen hier immer etwas Anvertrautes. Eine erstaunliche Reihe von Erzählern stammt von hier, alle mit einem Hang zur Sage. Němcová, Erben, Jirásek, Čapek, um die wichtigsten zu nennen – und Preußler, wenn man den Kulturraum nicht sprachgebunden betrachtet.

Erben schuf uns den ersten reumütigen Räuber. Erstaunt über Mácha (1810–1836) und sein Gedicht »Mai«, in dem ein Vatermord einfach konstatiert wird und ohne Sühne stehenbleibt, schrieb er sein großes Gegenstück, in dem ein Bösewicht bereut und erlöst wird. Die Mittagshexen und Wassermänner treiben ihr Unwesen, Schätze erscheinen am Karfreitag, und Helden folgen dem Los. Erbens *Tschechische Märchen* haben fast wissenschaftlich die Nähe zum Mythos gesucht und die literarische Größe gefunden.

Božena Němcová kümmerte sich kaum um Mythos und Wissenschaft, sie schuf ihn einfach. Als Barbara Pankel in

Wien geboren, war die erste Dame der tschechischen Prosa eine Halbdeutsche. Ein schönes und blutjunges Mädchen, diente ihre Mutter bei der Herzogin von Sagan und heiratete plötzlich – trotz ihrer unehelichen Tochter – den herrschaftlichen Kutscher. Dieser Umstand gab Anlaß zu vielen Gerüchten. Seltsam, wenn uns schon ein Genie zufällt, grübeln wir nach, ob es uns gänzlich gehört (bei Masaryk genauso). Auch die kleine Betty war schön, dazu noch begabt. Bald zog sie mit den Eltern in den Krakonoš-Garten, um dort eine tschechische Kindheit zu verbringen, die diesen Weiler zum Großmuttertal machte. Und die Alte Bleiche, den Ort des Geschehens, zur ersten Adresse unserer Literatur.

In diese Gegend wird gepilgert, und Božena, »die von Gott Kommende«, wie sich die Barbara nach ihrer nationalen Erweckung nannte, ist eine Heldin und Heilige zugleich. Obwohl sie auch eine Geliebte war und ihr Heldentum mehr im Ringen mit ihren Mittschechen zu beweisen hatte, als mit den Machthabenden.

Aber wir lieben sie, wir haben den Rhythmus ihrer Sprache im Ohr, die feine Gestaltung ihrer Figuren im Gedächtnis. Ihre Phantasie überwand den Folklorismus, um eine eigene Welt zu schaffen, in der das Gute siegt, weil eben Božena gut ist, als Mensch und Literatin. Wir sind verliebt in sie. In unsere Notre Dame de Ratibořice.

Hierher kam die Großmutter des tschechischen Familienteils, um auf die Kinder aufzupassen, da der Vater ständig mit der Herrschaft unterwegs war. *Babička* ist ein Wort, das sich ein *Čechenfrojnd* merken sollte. Es meint zwar »Großmutter« – aber wörtlich bedeutet es »Kleinmutter«, eine Vergrößerung durch Verniedlichung, durch eine Koseform. Babička, Oma oder Omilein, bezeichnet also eine Rolle, die sie als »Mutter der Mutter« in der tschechischen Familie noch immer spielt. Ich höre Sie schon lachen. Das kennen wir, sag gleich »Schwiegermutter«, und wir wissen Bescheid. Gleichwohl beharre ich auf dieser Feststellung. Denn letzten Endes ist die Babička ein matriarchalisches Residuum. Die wahre Chefin einer Sippe, die Stütze der Rationalität, die Quelle religiöser Vermittlung – und des Märchenhaften. Erst die zweite Hälfte dieses Jahrhunderts läßt die Rolle blasser werden. Ganz verblaßt jedoch ist sie noch immer nicht.

Auch diese Dimension stand Pate beim Erfolg von *Babička*. Gewiß, manches ist verklärt, als Němcová das Buch schrieb, mischte sie Fakten mit Fiktion. Aber ihr hartes, ja tragisches Leben machte das Oma-Tal zum Ursprung der Harmonie. Das Schloß befreite sie von unseren Klischees. Den Sommersitz der Herzogin von Sagan empfand sie nicht als Festung des Fremden, nicht als unnahbar, sie dachte an Dialog, weil sie selber so unvoreingenommen mit jedem sprach. Ihr Werk war Liebe, man spürt darin die Energie.

Dabei war es mit der Idylle des Oma-Tals ziemlich bald zu Ende. Nach der Gemeindeschule in der benachbarten Kleinstadt (Bettys ganzer Bildung) heiratete die Siebzehnjährige auf Wunsch der Mutter einen um fünfzehn Jahre älteren Finanzrezipienten. Keine Leidenschaft von Anfang an. Und später nicht einmal viel Respekt. Vier Kinder machte er ihr sicherheitshalber und patriotisch. Er hieß Němec (Deutscher), war aber *vlastenec* – ein »Vaterländler«. Mit Babičkas und seiner Hilfe wurde Barbara eine Tschechin. Und zwar auf eine so innige Art, daß wir kaum ein größeres Beispiel haben werden. Ohne Dünkel, Militanz und Haßtiraden, ohne Philisterallüren, Petzerei und Kriechen.

Sie begann mit einem Heimatgedicht und wurde bewundert, weil sie so schön war, so tschechisch. Es kamen junge Dichter, die klügsten Köpfe des tschechischen Prags. Manche verliebten sich in sie, und einige wurden glühend geliebt. Die Schöne schrieb bald das klügste und schönste Tschechisch in Märchen, Erzählungen, Briefen. Auch als die Nachmärz-Zeit kam, gab sie nicht auf, wie die meisten. Sie wurde schikaniert und verarmte. Zu allem Unglück starb noch ihr begabter Sohn – und sie entdeckte auf der Suche nach hellen und einfachen Dingen die *Babička* und ihr Tal. Der Roman ist auch eine Chalupa-Story, aber die Hütte wird hier nicht verkitscht, sondern als Ort des Wachsens und des Aufbruchs erfaßt. So erschließt sich endlich auch das Schloß, denn wer die Schlösser haßt, der wohnt in Luftschlössern und verspielt seine Chancen. Němcová liebt keine Gegensätze. Ein Gegensatz ist ihr künstlich, das Paradox liegt ihr näher. Sie denkt auch »trans-tschechisch«. Die Wahrheit ist für sie nicht das, was erst einmal siegen muß, sondern etwas, dem man in sich Raum gibt. Kurz vor dem Tod schrieb sie in einem ihrer zahlreichen Briefe: »Es ist eine Art Liebe, die keine Gegenleistung anmahnt, Liebe zu jedem Menschen, sie findet in sich selbst schon alles, dieser Wahrheit sich zu nähern, das ist mein Paradies, mein Glück und Ziel.«

Knapp über Vierzig (1862) starb sie, mitten im Schweigen der Landsleute: Barbara Pankel aus Wien, die Muse der Tschechen.

Liebende Roboter und siegreiche Lügen

Natürlich lügt unser Staatswappen nicht, wenn es den Sieg der Wahrheit behauptet. Aber es gibt Arten zu siegen, nach denen sich die Wahrheit ein bißchen erholen muß.

Es gibt auch Staatsmärchen, sinnstiftende Pannendeutungen der jeweiligen Geschichte. Sie verkünden entweder: »Es geschah so herrlich, wie es mußte, da wir dabei waren.« Oder sie drohen: »Das Geschehen ist keinesfalls zu Ende, der nächste Sieg ist unser.« Diese zweite Haltung läßt freilich manches zu wünschen übrig. Aber als Brunnen der Poesie und Prophetie bietet sie ein weites Feld für talentierte Trommler.

Krakonoš und sein Lustgarten bescherte uns auch einen Märchenerzähler, der die schöne Idee hatte, seine Märchen als historische Bilder anzubieten. Seine Chalupa steht in Hronov und sein Standbild in Prag. Brücken und Straßen sind nach ihm benannt, er wurde geliebt, verehrt und Senator in unserem tschechoslowakischen Staat. Als er starb, trug man ihn in feierlichem Trauerzug zu Grabe, als wäre er ein König und nicht nur ein Barde. In einem Epos besang er die immer aufrechten und sanften Tschechen, die nur gezwungenermaßen zum Schwert griffen, um eine Wahrheit zu verteidigen, die zugleich die höhere, die allzu menschliche war, gegen die Fremden und egoistischen Ausländer, deren Tücke uns in die Zeit der Dunkelheit stürzte. Aber nur so lange, wie wir uns selbst dem wahren Licht versperren, das die Lehrer der Nation verbreiten. Jawohl, er war Professor – und schrieb Professorenliteratur nach dem deutschen Vorbild à la Dahn oder Freytag, nur mit anders gesetzten Akzenten. Er war jünger als sie, bewunderte sie und setzte ihre Waffen gegen die Ziele ein, die sie erreichen wollten.

Diese Literaten bevölkerten damals Europa, immer bereit, der Wahrheit der Literatur zuzusetzen – im Dienste der Wahrheit des Volkes. Auch Alois Jirásek aus Hronov, der Autor eines wahrlich umfangreichen Werkes, das nicht unbedingt in die Mottenkiste gehört. Sein Einfluß war zweimal maßgeblich: Zu Lebzeiten weckte er das tschechische Selbstbewußtsein. Und nach seinem Tod kam seine national-soziale Komponente sowohl Nationalisten wie auch Kommunisten zupaß. Seit 1948 prägte seine Sicht der tschechischen Dinge bis in unsere Tage die Nachkriegsschüler.

Es ging um ein mächtiges Märchen, um *Die alten tschechischen Sagen* (wie eins seiner Werke heißt), die eigentlich sehr neutschechisch waren. Erst jetzt kehren sie in das Reich Krakonoš zurück, aus dem sie stammen. Heiligmäßig langweilig waren die meisten. »Herr Johannes«, wie man Rübezahl titulieren soll, um nicht seinen Zorn zu erregen, wird sicher wohlwollend zuhören. Jirásek kannte die Regel, schrieb er doch selber ein gleichnamiges Stück.

Ein anderer Landsmann aus dem Rübezahl-Garten sah dieselben Dinge schon heller. In Karel Čapeks (1890–1938) Phantasieroman *Der Krieg der Molche* spielt sich eine bemerkenswerte Szene ab. Ein tschechischer Weltreisender(!) trifft auf den Galapagos einen tschechisch sprechenden Molch, einen jener sich rasch entwickelnden Über-/Untermenschspezies, die sich die Menschenwelt untertan macht. Dieses merkwürdige Exemplar, fleißiger Leser der Jirásek- und anderer Schriften, hat die Heimatlertradition so verinnerlicht, daß er von diesem ersten Tschechen, dem er begegnet, ein klares Bekenntnis erwartet – zu dem erlittenen Leid. Die Katastrophe am Weißen Berg und die dreihundertjährige Unterjochung, über die er so viel las, rührt ihn zutiefst. Er bedauert nur, daß die Köpfe der hingerichteten Aufständischen nicht mehr auf dem Brückenturm zu sehen sind. »Es war doch eine große Zeit«, sagt der Molch feierlich. »Gewiß sind Sie, mein Herr, auf Ihre dreihundertjährige Knechtschaft stolz!«

Der Rübezahl / Krakonoš-Garten trug also reifere Früchte, nachdem die tschechische Kultur ihre kopernikanische Wende wagte und das böhmische Dorf nicht mehr ihre kosmische Mitte war.

Und Čapek, das kränkelnde, verwöhnte Kind aus Svatoňovice, sollte die Hürde nehmen, an der so viele vor ihm scheiterten.

Seine Phantasie zielte nicht auf das Vergangene. Ihn faszinierte die Gegenwart. Seine Utopien waren die in der Gegenwart schlummernden Keime der Massengesellschaft. Er sah sie kommen und spürte ihre Gefahren früher als andere.

In der Welt, die sich nach *der* einen und siegreichen Wahrheit sehnte, entdeckte er Wahrheiten und deren Verknotung. Vielleicht hatte diese Gegend ihren Anteil daran. Und sein Familienhintergrund. Eine Mutter – Maminka, typisch tschechisch, die leicht hysterisch, aber mit Ehrgeiz und Kraft seine Begabung förderte und seine Beziehungen zu Frauen ruinierte. Sie vernachlässigte dabei die anderen Kinder, den nicht weniger talentierten Josef und die kluge Helena. Die Ehe war längst kaputt, der Vater, ein erfolgreicher Arzt, hatte ein romantisches Landmädchen geheiratet, an dem er nach einigen Jahren schwer zu tragen hatte. Karel mochte ihn sehr, ja, er bewunderte ihn mehr als die Mutter und hatte zwischen beiden Lebenswahrheiten zu vermitteln. Er wurde Primus in der Schule und Secundus in dem sagenhaften literarischen Duo mit Josef, den er anfangs als Stütze brauchte. Josef, der Stärkere, der Maler, Erzähler, eine lyrische Natur, erfand Themen, die Karel mit Leben – und Theorien – erfüllte. Doch Karel, der philosophische Kopf, das Sprachgenie, dessen Tschechisch so frei von den Heimatklängen der Zeit war, daß er ganz nebenbei die neue tschechische Dichtersprache hervorbrachte, wollte kein Lyriker sein. Das Ich, allein auf sich gestellt, schreckte ihn ab. Das Relative zog ihn an. Das Alltägliche. Er verschmähte das Absolute nicht, er erkannte nur dessen Unbeschreibbarkeit.

Noch zieht er mit seinem Bruder, ein pikant provozierendes Paar, durch Europa (Berlin, Paris) und Prag. Er diskutiert im Café Union. Hier wird nicht nur verurteilt – auch begnadigt. Zwischen dem Arco und dem Union liegt zwar die Prachtstraße »Graben« – aber noch keine Gräber. In Wien sieht bei Frau Zákrejs ein Hýdla dahin. Čapek nimmt ein anderes Österreich wahr, Husserl, Mach, Hayeck und Wittgenstein. Natürlich schreibt er, der Unpraktische, ein Buch über die Praxis. Der Zögernde spricht über die Taten. Und in der Distanzliebe gedrillt, spottet er über die Frauen. Aber in seinen Schwächeanfällen und fern der Front (wie Kafka – untauglich) fängt er an, Bücher zu schreiben, in denen Philosophie und Phantasie in eine Einheit zusammenfließen. In der Ära, die Arbeit und deren irdische Paradiese erfindet, kreiert er Roboter, die Arbeit als Fron (*robota*) entwerten, als ein mechanisches Nichts, ersetzbar, nicht würdig, nicht heilig.

Ist die Arbeit demnächst bloß ein IQ-Akt, eine Vernunftssache, wie der Roboter-Erfinder, Mr. Rossum (*rozum* heißt auf deutsch Verstand) predigt? Oder noch verrückter – ist all das Menschliche, das ganze Humanum, tierisch? Immer wenn bei Čapek Liebe ins Spiel kommt, entstehen Leid und Haß: So erbarmt sich eine Frau der Menschenmaschinen, impft ihnen Gefühle ein – und sie, die bislang Vernünftigen, beginnen zu morden! Auch das Göttliche wird hinterfragt. In einer weiteren philosophischen Fiktion Čapeks aus beinahe der gleichen Zeit erfindet jemand einen »Karburator«, der Wahrheit als Abgas produziert, als lebensbedrohende Emission.

Jeder hat also seine Wahrheit, wer aber hat recht? Ein so billiger Gott verführt geradezu zu Kriegen. Die Welt endet im Chaos. Ist also dieses Absolutum … chaotisch? Und Ordnung Zufall? Čapek schreibt eine Atom-Utopie, einundzwanzig Jahre vor Hiroschima, und wird berühmt. Seine drei Märchen-Mahnungen machen aus ihm den meistübersetzten Tschechen seit Linda. Und den ersten namhaften. Das verzeiht man bei uns nicht. Die Neider sind zahlreich – aber sie schweigen noch. Besonders, wenn sich bei Čapek der Mann zum Kaffee ansagt, der die Wahrheit zum Staatsslogan erkor: Thomáš Masaryk, der erste Präsident der Tschechoslowakei.

Aber Masaryk war nicht nur Staatsmann, er war auch Philosoph, er wußte, wie schwer es jede Wahrheit hat, dauerhaft zu siegen. In Čapek sah er – ein redender Sokrates – seinen schreibenden Platon. Einen also, der sein Wahrheitskonzept übernimmt und verfestigt. Das konnte kaum klappen, denn Čapeks Weltsicht war nicht die des Lehrers. Als hätte damals in Athen Prothagoras, der große Sophist, das Sprachrohr des Sokrates werden sollen.

Čapek fühlte sich ein wenig unwohl: »Es ist eine Pflicht, über die nicht diskutiert wird«, sagte er zu seiner künftigen Frau, denn nach dem Tod der Mama dachte er endlich an eine Heirat. Und so wurde er zum Eckermann des alten Herrn. Kein schlechter und dennoch außer der Linie des eigenen Werkes. Er – der Befreier des tschechischen Schreibens aus der Enge der Oberlehrerhaftigkeit – bestätigte somit Kafkas Bemerkung: Der Fluch der kleinen Literaturen ist die ständige Gefahr ihrer außerliterarischen Nützlichkeit.

So kokettierte Čapek mit der siegreichen Wahrheit, doch ein Prophet wurde er nie. Wie ein Kafka war auch er zu zart, zu klug, zu gebildet. Und vor allem kein Nationalist.

Trotz seines Ruhms fühlte er sich vereinsamt. Als braver Muttersohn aus Svatoňovice, immer auf Ausgleich bedacht, wollte er den Erfolg mit den anderen teilen und erfand die Freitage bei Čapeks. Eine Art privates Union, »Freitagsgesellschaft«, ein »Symposion« auf tschechisch. Kühn konzipiert und nicht kleinkariert angepackt. Musterköpfe versammelten sich hier. Aber auch diese »Union der Geister« hat ihm wenig Freunde gemacht. Nicht jeder wurde zugelassen. Man schuf so eine Hackordnung der Geister – und eine eher oligarchische als demokratische Atmosphäre. So wie sie übrigens auch der neuen Republik nicht abzusprechen war. Ein ähnlich provokantes Paar, wie einst die Brüder Čapek, hätte sich hier nicht blicken lassen können. Einem Edvard Beneš wäre gewiß nicht eingefallen, irgendein Kaffeehaus nur wegen seiner Literaten aufzusuchen! Hier aber saß er, machte sich Notizen und sprach Sätze, die man von irgendwoher schon kannte. Doch deswegen merkte man sie sich auch.

Masaryk brauchte Söhne. Mit dem eigenen, mit seinem Jan, war er nicht ausgelastet. Beneš und Čapek boten Ergänzung. Der erste in der k. u. k. Seminarmanier als Assistent. Nicht der beste Kopf der Klasse, aber der größte Bewunderer, der Junge, der am zuverlässigsten die Aktentasche trägt, die der zerstreute Professor in der Aula liegen läßt. Čapek als intellektuelle Größe – er verkörperte so ungefähr alles, was man an einem Erben schätzt. Ausdauer, Klugheit und Ernst, Sinn für das Maßvolle ... Soeben ließ er seinen eigenen Vater, den Landarzt und Wohltäter, im Garten der neuen Villa in Prag begraben – zwischen den eigenhändig ausgesäten Blumen und Pflanzen. War Masaryk nicht ein würdiger Nachfolger? Der erste Philosoph, der einen Staat gründete und regierte? Eine *Politeia* auf *čechiš*!

Čapeks Philosophie änderte sich aber kaum. Die planende Vernunft blieb ihm suspekt, das Kollektivfieber töricht. In seinem berühmten Roboter-Drama predigt er Liebe – die die Dinge richtiger zu ordnen vermag, als die Ratio, weil sie sie individualisiert und in ein schier unendliches Zusammenspiel bringt. Insoweit die Vernunft Čapek am Herzen lag, war sie eine liebende und fühlende. Und dennoch erscheint bald in seinen Texten ein neues Wort: der Krieg. Vorläufig der der Molche. Diese seltsamen Salamander, die im Pazifik der tschechische Tüftler entdeckt und füttert, weil sie so schlau sind und ihm beim Perlentauchen helfen.

Kalt sind sie wie Frösche, Kinderpfötchen haben sie, vier Finger nur, eine Schwimmhaut dazwischen, taps, taps, laufen sie komisch herum. Und natürlich können sie sprechen wie Mikeš, was niemanden wundert. Diese Molche gleichen den Menschen, nur vermehren sie sich schneller und sind immer diszipliniert. Diese Amphibien eignen sich mit tierischem Ernst bald die Wissenschaft an und fordern ihren eigenen Lebensraum. Obwohl Untermenschen im Sinne der Biologie, stellen sie sich über das Menschliche und verwandeln das Festland in Meer, in seichtes Küstengewässer, in dem sie ungestört ihre Eier ablegen können. »Sie stehen schon bei Dresden«, sagt eine ängstliche Stimme im Buch. Das deutsche Flachland um Berlin weicht schneller auf als böhmische Berge. Und in der Tat, wenn man sich das Froschvolk näher anschaut, ist es vorwiegend braun statt grün. Čapek schreibt keine Utopie, eher schon eine Parabel. Die philosophische Fiktion ist hier fast realistisch, sie zielt auf eine Frage. Die Wahrheit der Molche ist siegreich! Darf sie das?

Der alte Pazifist entwickelt Kampfbegriffe, der Relativist das Absolute. Er ist selbst erschrocken. Einst schrieb er: »Zwei Themen wiederhole ich bis zum Überdruß. Das erste verwirft Pilatus: Was ist wahr? Das zweite bestätigt ihn: Jeder hat recht.« Jetzt scheint es, als gäbe es siegreiche Lügen und kaum zu erkämpfende Wahrheiten. Nein, er ist kein Vereinfacher, er denkt an keine Anti-Lügen auf tschechisch. Auch jetzt ist er tolerant. Die Wahrheit, um die es ihm geht, ist ein Gleichgewicht aller Teilwahrheiten. In diesem Sinne zwar relativ, aber nicht gleichgültig. Es ist keine militante Wahrheit – waffenlos jedoch kann sie kaum überleben. Er schreibt, um zu alarmieren, Theaterstücke. *Die Mutter* etwa (nicht *Maminka*). In diesem Schauspiel tut die Mutter eines begabten und gehätschelten Kindes genau das, was Božena Čapek nicht getan hat: Sie bewaffnet den Sohn, drückt ihm das Gewehr in die Hand, eine Requisite, die bedeutungsvoll an der Wand hängt. Sie reißt sie herunter, sagt: »Geh!« und der Vorhang fällt.

Der Applaus war groß, man wollte kriegerisch, nicht kriecherisch sein. Čapek verlieh diesem Wunsch seine Stimme. Mit dem alten Burgherrn ließ es sich nur noch schweigen. Er lag im Sterben, bald soll der Assistent Präsident werden. Und alle spüren die Diskrepanz: Čapek, der Miterbe, der Primus der Republik, klingt jetzt noch beschwörender, schreibt Drehbücher, Artikel und Briefe. Darunter einen, dessen Adressat mich stets beeindruckte: *An das Weltgewissen*. Seit Hussens Brief *An Jesu* am Brückenturm befestigt wurde, fühlte sich keiner von uns so in Not. Die Molche schwammen praktisch in der Moldau. Das Weltgewissen, ähnlich wie einst Jesu, meldete sich nicht. Jedenfalls nicht zeitgleich. Dafür aber kam die Stunde der Wahrheit.

Der Assistent, nun auf der Burg, wühlte in der Professorentasche. Vergebens! Es gab dort keine Notizen für den Fall *der* Wahrheit. Keine Richtlinien, kein »Verbleib bei X«, keine »Rücksprache bei Y«, keine »Wiedervorlage morgen«. Es war die Stunde der Beneš-Wahrheit. Doch Edvard sah sie nicht als solche. Sie schien ihm unfaßbar. Er wollte sie ein bißchen deutlicher. So resignierte er zugunsten einer, die sicher siegen wird und nicht so einsam macht. Er floh ins

Exil. Čapek aber blieb. Ihn ließ die Wahrheit nicht mehr los. Die des Hasses und der Hetze. Man zahlte es ihm heim. Neider schrieben sein Werk ab. Schmeichler schwiegen. Er fing ein neues Buch an: Der Protagonist erschleicht sich seine Meriten, täuscht große Werke vor, in der Stunde der Wahrheit jedoch ...

Das Werk blieb ein Torso. Denn unerwartet, beinahe selbst darüber überrascht, erlag Karel einer Erkältung. Nicht einmal hundert Tage nach München. Als wollte er sagen: Wahr ist das, woran man stirbt. Noch einmal hundert Tage, und die Molche erschienen in Prag. Sie hatten ihn auf der Liste und schellten bei ihm. Enttäuscht darüber, daß es ihn nicht mehr gab, nahmen sie Josef mit. Er endete in Bergen-Belsen, Grabstätte unbekannt.

Die Molche sperrten auch das Union zu. Eine äußerst dumme Tat.

Seitdem fehlt in Prag ein Ort, wo man sagen könnte: »Ich hätt' dich laufen lassen.«

La sposa venduta

Höhenflüge werden bei uns bestraft. Und weil sich das bereits herumgesprochen hat, zögern manche, bevor sie sie wagen. Und trinken Bier. Ein wahrer Tschechotscheche nimmt das Sedativum regelmäßig. Ein Tschechomähre seltener. *Pivo* (Bier) und *víno* (Wein) sind Worte, die Sie sich merken sollten.

Aber wir sind noch immer im Krakonoš-Garten. Ich will Sie nach Mähren verführen. Aus dem Bierland in das Weinland, denn Tschechien vereinigt beide Getränke.

Die Marschroute ist einfach: Elbe abwärts über Dvůr Králové, Königinhof. Die Kirche von Johannes dem Täufer ragt immer noch mächtig empor, nicht einmal Hanka hat ihr die Würde genommen. Und dann nach Königgrätz!

Das große Gemetzel von 1866 heißt bei uns nicht nach dieser Stadt. Es war kein Sieg. Namenspatron war bei uns ein kleines Dorf in der Nähe, Sadová (Gärtchen), um zu zeigen: Das war nur ein Geplänkel einer noch größeren Schlacht, in der wir siegen werden. Und wenn ich »wir« sage, meine ich uns, die Tschechen aus dem Tschechenland, denn wir waren beherzt dabei – für *Císařpána* (den Kaiser-

herr) und *jeho rodinu* (sein Haus, wörtlich »seine Sippe«).
Gott sei Dank ist es zu keiner Revanche gekommen. Und
somit blieb uns nur ein Heldenlied übrig, ein ähnlich epi-
sches wie der Babinský-Gesang. Franz Jabůrek ist dessen
Hauptfigur, ein der Geschichtsschreibung unbekannter *Ka-
nonýr*.

> Dort, ja, dort bei Königgrätzen,
> ging ’ne große Schlacht in Fetzen,
> Kugeln flogen frech gemein
> in das arme Volk hinein …

Jabůrek jedoch stand unerschütterlich bei seinem Geschütz
und lud weiter:

> Fußvolk, Chargen, Offiziere,
> Waffen, Zaumzeug, Menschen, Tiere
> liegen rum getränkt von Blut
> schrecklich brennt der Wunden Glut.

Jabůrek lädt unverdrossen. Der Refrain des Liedes bringt es
zum Ausdruck. Er ist zwar tschechisch, dabei jedoch so
herrlich kakanisch, daß Sie ihn auch ohne Übersetzung verstehen werden:

> *A u kanóna stál*
> *a furt jen ládo, ládo, ládo –*
> *a furt jen ládoval.*

Natürlich merkten sich die *Prajzíčeks*, die »Preußelein«, den
tüchtigen Tschechotschechen, den Ferda Mravenec der
kriegerischen Kunst:

> Er löschte aus ein Regiment,
> der *Fujtajbl* und *Saprlent!*

Jetzt kriegt er einen Denkzettel verpaßt, *der Krónprinc Frýdrich* persönlich nimmt Jabůrek ins Visier. Harte Prüfungen kommen auf unseren Mann zu. Eine Kartätsche schafft er zwar noch mit dem Mund abzufangen und auszuspucken. Doch dann ist er dran. Jabůreks Kopf saust durch die Luft und entschuldigt sich bei einem *Jenerál*.

> Arme futsch, oh, sei mir gnädig,
> ich bin nicht mehr salutfähig.

Und der Jenerál ist beeindruckt! Jabůreks Torso schafft es nämlich noch, die Kanone in Sicherheit zu bringen. Angesichts solcher Taten und ungeachtet der verlorenen Schlacht, wird der Tscheche geadelt.

> Genannt sei der große Reck
> Edler von die Jabůrek
> gib ihm Herrgott Ruh und Ruhm
> viel Adel läuft doch kopflos rum …

Vor hundert Jahren beschrieb Egon Erwin Kisch die Beliebtheit dieses Liedes bei uns. Neunzig Jahre später hat es davon immer noch nichts eingebüßt. In den neueren Liederbüchern werden nur Begriffe wie *Prajzíček* oder »melden« erklärt. Also meld' ich gehorsam: Mein *Čechnforšr, der váre zígr fon Kénikgréc ist dýzr man.*

Nach dem Hin und Her der Macht- und Ohnmacht-Politik und nachdem sich die politische Landkarte Europas inzwischen einer Form der Vor-Königgrätzer-Einheitlichkeit nähert, scheint mir der Feuerwerker ein Standbild wert zu sein. Und sollte sich die gerettete Kanone irgendwann noch finden, sollte sie als tschechischer Beitrag zu unserem Frieden ausgestellt werden. Jabůrek – ganz oder in Teilen – sollte nicht fehlen. Und falls es je einen Orden für verlorene Schlachten geben sollte, wüßte ich einen Namen dafür …

Aber die Elbe wird langsam unruhig. Folgen Sie ihr noch zwanzig Kilometer und dann verstehen Sie, warum. Der Berg mit Burg bei Kunětice macht dem Fluß so bange. Einst ein mächtiger Vulkan, ist er jetzt das Wahrzeichen einer Ebene, die hier beginnt und sich sehr patriotisch »Der Goldstreifen der Tschechenerde« nennt. Also waren wir gar nicht so selbstlos, als wir dem Fluß befahlen: »Wende dich den Deutschen zu!« Wer hätte hier sonst das Land so fruchtbar gemacht? Und letzten Endes dient die Kuňka unseren Hexen als Blocksberg, hier landen die Damen alljährlich am 30. April und feiern ihr Regiment. Die Elbe macht einen ehrfürchtigen Bogen – und Dresden darf sich freuen.

Sie aber, wenn ich Sie noch nicht ermüdet habe, biegen nach links ab – und fahren über Pardubice nach Litomyšl. In diesem beinahe unversehrten Exemplar einer tschechischen Kleinstadt (mit allem Zubehör – Schloß, Waldpark, Flüßchen Loučná) kam ein Mann zur Welt, der ihr die schönste Bierhymne geschenkt hat. Bedřich Smetana, Sohn eines Brauers in der hiesigen Schloßbrauerei, war trotzig genug, um dem Ruf der Musik zu folgen – und nicht dem des väterlichen Handwerks. So landete er nach manchen Abenteuern als Dirigent in Prag, um dort für uns die Nationalmusik zu schaffen, die wir zuerst wegen ihrer Weltbeflissenheit und Noblesse belächelten. Liszt und Wagner warfen wir ihm vor, verpönten ihn als Nachahmer, dem das Tschechisch-Volkstümliche nie gelänge.

O Gott, dafür hat er uns reichlich belohnt. Nur dank ihm wird Lindas Barde Lumír ewig leben, obwohl es ihn gar nicht gab. Der berühmte »B-es«-Akkord in der »Moldau«, dem symphonischen Gedicht, bezeichnet nicht nur *Bedřich Smetana*, sondern diesen Mann der Sage, der da oben auf dem Vyšehrader Felsen die große Tschechenzukunft in den Äther zupft. Die Wirklichkeit ist eben das, was wirkt. Lumír sitzt auf dem stolzen Stein für viele Ohren hörbar, wenn die S-Bahn unten auf dem Kai nicht quietscht oder die Touristendampfer nicht zu laut die Moldau runtertuckern. Letzt-endlich liegt in Lumírs Rücken auf dem Friedhof Friedrich (Bedřich) selbst, der Komponist! So wie Čapek, Mácha … und viele, viele große Tschechen. Slavín heißt es, die »Ruh-messtätte«.

Und diese Oper! *Die verkaufte Braut*, die Buffa unserer Dörflichkeit. Sie hat eine Dimension, die sie doppelt tsche-chisch macht. Daß sie etwas Handfesteres darstellt als eine »La sposa venduta«, die sich genauso heiter in Kalabrien oder in der Poebene hätte abspielen können, dafür sorgte ihr Librettist. Er, Karel Sabina, der die »Worte« lieferte – wie es bis heute auf der Titelseite der Partitur zu lesen ist, war ei-gentlich ein Mann der Tat.

Als Máchas Freund und klarer Kopf litt er in der Schwüle des Vormärz und wurde 1848 zum Revoluzzer mit der Waffe in der Hand! Und das bei uns, wo bislang Dudelsack und Geige gang und gäbe waren. Folglich stand er bald vor Gericht und sollte hängen. Dann schickte man ihn doch noch in die Festung, wo sich niemand um den noch kurz zuvor gefeierten Poeten kümmerte. Es war die Zeit großen Kleinmuts und krummer Rücken. Nach vielen Jahren Ker-ker gab auch Karel klein bei und wurde … ja, heute nennt man das »IM«. Nur damit kam er endlich raus und durfte wieder schreiben. Smetana bat ihn um ein Thema – und er, der von neuen großen Werken träumte, kritzelte die »Worte« nur so hin.

Die Handlung ist ebenso simpel wie bedeutsam. Ein Dorf am Kirmestag. Ein Hans, diesmal der kluge, kehrt aus der Fremde heim. Ein Wenzel, diesmal dumm, der Stiefbruder, der nicht nur dessen Gut erbte, sondern möglicherweise auch Hansens große Liebe, Marie, bekommt. Sie wehrt sich dagegen, bis ein Dorfkuppler erscheint und eine hübsche Summe bietet. Unerwartet gibt Hans seine Braut zugunsten eines »echten Erben« auf. Das Dorf ruft Schande und Verrat, doch bald wird alles klar: Die Wahrheit siegt, der echte Erbe ist er! Oh, laßt uns wieder feiern, wer weiß schon, ob die nächste Kirmes noch die unsre ist! Und Hans schmettert seine wunderschöne Arie:

> Wie könnt' man glauben
> ich hätt' Marie verkauft!

»Das gute Ding« ist gelungen – prahlt der Librettist zum Schluß. »Die echte Liebe feiert Siege.«

Dem war nicht so.

Als endlich bekanntwurde, was der Dichter nebenbei so trieb, dachte man nicht an die eigene Schwäche in der Bach-Ära. Die Schwäche des einst Starken war jetzt verdammenswert! Man jagte ihn aus Prag. Seine Entschuldigung (in der Oper enthalten) – es war kein Trug, bloß eine List! – glaubte man ihm nicht. Er starb allein und totgeschwiegen. Aber er fleht uns noch immer an! Noch immer singt er seine Unschuld heraus, bekennt seine Heimatliebe in den unzähligen Vorstellungen der *Verkauften Braut* und erklärt: Es war kein Trug, bloß eine List!

Vielleicht wenn wir in Nepomuk das Denkmal unserer Romantik eröffnen, bekommt der Karel einmal eine gute Stube. Und findet vor Libussas Gericht Gehör und Freispruch: *Ego te absolvo Carolus Sabina, poeta et vir fortis,* wird die Fürstin auf alttschechisch vermelden. Du hast uns verdient!

Und unten in der Stadt fällt vielleicht einem Brauer ein, ein Sabina-Bier zu kreieren im Andenken an die Tausende von Nachahmern des Librettisten, die in den letzten fünfzig Jahren mit verschiedenen Regimen ähnlich verfuhren wie der Dichter. Smetanas wunderschöne Bierhymne könnte das fröhliche Zechen begleiten:

> Der Himmel gab uns das Bier,
> Kummer und Sorgen weichen von dir …
> ejchu, ejchu!

Ein Martinů aus Polička

Unweit von Litomyšl gibt es eine Kleinstadt namens Polička. Ostböhmisch Litomyšl (Leitmischl) ist die Stadt Smetanas, bei dem wir soeben waren, während Polička Martinů
beheimatet, einen anderen großen Komponisten. Ähnlich
wie Händel und Bach aus der gleichen Gegend stammen,
haben also auch wir eine musikalische Wunderecke zwischen diesen beiden Orten. Und ich sollte noch einen dritten hinzufügen, denn Gustav Mahler gehört ebenfalls zu uns
und stammt aus dieser Region. Aus Kaliště bei Iglau, einem
Dörflein, das durch ihn zu einer Weltadresse wurde. Auch
Polička ist kleiner als Smetanas Leitmischl, kleinstädtisch
und fromm … zumindest gewesen. Man baute hier Krippen
als Weihnachtsware, fast wie in Bethlehem, und es geschah
ebenfalls ein Wunder, als in der Turmstube der Ortskirche
das musikalische Wunderkind Bohuslav (Gottlieb)geboren
wurde.
Die Stadt, die auch keine Festung der Reichen war, schien
kuschelig: böhmische Idylle, poetisch verschlafen wie bei
Spitzweg: »Und abends tue ich dichten«. Eine Petroleum-
lampe beleuchtete die Turmstube mit Vorraum und Ofen.

Ihr Licht vermischte noch nicht das Dunkle mit dem Hellen wie die Glühbirnen unserer Großstädte, die Fenster ließen den Raum wie ein Luftschiff erscheinen. So segelte Bohumil über das Böhmische und lauschte der Landschaft. Sein Vater, ein Schuster und Turmwärter, wachte über die Turmuhr. Er gab der Gegend das Zeitmaß vor, nachts auf dem Rundgang mit der Laterne, tagsüber mit einem Sprachrohr. Beides steht noch heute in der Diele.

Zweiundachtzig Meter über der Erde als Alltag! Tägliches auf und ab der Stiegen. »Wer in der Höhe wohnt, spürt das Erzittern der Welt eher und in weiter ausladenden Schwingungen«, wird bald der deutsche Philosoph Martin Heidegger im heiklen Lob des Heimischen schreiben, als hätte er an den Luftgeborenen Martinů gedacht.

Doch selbst die Luftgeborenen müssen einmal landen. So wie sich die Vögel auf das Wasser vor Poličkas gotischen Stadtmauern niederlassen, kam auch Martinů unter Irdische. Nur war sein Abschied vom Turm kein Abschied von der Klarheit der Dinge. Er wird kein Mann falscher Ansichten, kein Nebelgestalter sein, der Thesen trompetet, denn luftgeboren heißt nicht abgehoben, sondern hellsichtig. »Ich sehe die Musik«, wird er sagen, da er das Hören schon innehatte.

Zunächst aber baute er sich eine Geige und spielte sie orphisch-paganinisch zum Entzücken seiner Umwelt. Das Städtchen war fasziniert, kaufte ihm eine echte Geige aus einem guten Laden und ließ ihn ziehen.

Doch auch sein Weggang war orphisch. Der Aufstieg zog sich, und jedes Umdrehen kostete etwas Geliebtes. Mit jedem Schritt verschwand das Herkömmliche. Herkunft und Ankunft trennten sich voneinander, so wie das frische 20. Jahrhundert alles zu trennen begann, was bislang verbunden schien.

Der junge Martinů staunte darüber und nahm es in sich auf. Für einen, der landen muß, bedeutet die Landung Freiheit. Er spürte förmlich, daß nicht das Verlassene das Kommende bestimmt sondern das Verlassen. So ging er, denn auch die Zukunft war keinesfalls herkömmlich. Sie mußte mutig gewollt werden.

Die Zukunft hieß Praha, Prag. Die Welt dort war bunter: tschechisch, jüdisch und deutsch. Stimmig und rege, da Europas tödlichste Fürsten Hybris und Phobos, Hochmut und Furcht, damals noch nicht als Götter regierten.

Und Türme gab es hier hundertfach. Kein Wächter mit Sprachrohr hätte das Getöse überschreien können. Obwohl auch hier einiges an Polička erinnerte, wie etwa der Turmwärter im Klementinum, auf der Galerie der Sternwarte. Er hatte eine Fahne und schwenkte sie beim Pendelschlag der astronomischen Uhr. Ein Feuerwerker auf dem Hradschin sah dieses Signal, steckte seine Lunte in das Schießpulver, und ein Donnerschuß hallte über die Köpfe der Prager, die anhielten, um ihre Taschenuhren zu richten.

Die Sterne standen zu dieser Zeit noch gut. Der Chronometer maß keinen Chronos und galt keinem grausamen Zeitgott, der seine eigenen Kinder frißt. Er prüfte das Zyklische, die Ruhe und Regeln. Nur die Tauben flogen kurz auf, doch bald ließen auch sie sich wieder auf der Kampa nieder, wo sie bis heute so zahlreich herumpicken und Martinů sie aus seinem Fenster füttern konnte.

Er wohnte nah an der Karlsbrücke und sollte ein Paganini werden. Aber er war kein Streber und gab schulischem Drill nicht nach, um nach oben zu kommen. Als Sohn eines Turmwärters verstand er das Oben sehr sachlich. In der Turmstube wird die Zeit materiell, denn dort sieht man, daß auch die Ruhe schon zittert. Die Schwingungen werden bald zu Rissen. Man kann sie fassen, notieren und spielen. Ein bloßer Interpret, ein Wiederholer, vermag hier nichts, aber ein Tonsetzer fast alles! Martinů nahm das Beben des Lebens wahr. Er komponierte, wirkte störrisch und holte sich viel Spott sowie Rügen ein. Zumal er tatsächlich nach Erfolg roch, was wir keinem verzeihen. Wir warfen ihm »unverbesserliche Nachlässigkeit« vor.

Doch er war nicht mehr an unsere Leine zu legen. Das Feste neu zu deuten war nicht sein Ziel. Ihm paßte das Fließende, die Jetzt-Zeit, die Gegenwart, ihr Räsonieren. Bei uns heißt Gegenwart *přítomnost*: »dabei« mit einer Endung fürs Abstrakte. Eine »Dabeiheit«. Die tschechische Präsensauffassung, ich wiederhole mich, sieht in dem Menschen eine Art Schleuse im Fluß des Seins.

Martinús Turmstube hatte diese Haltung bestärkt. Sie lehrte ihn, jeden Fluchtpunkt zu relativieren, denn auch Türme werden winzig, wenn man sie von weitem sieht. Darum waren ihm die Weiser einer einzig richtigen Richtung für immer suspekt. Er mochte keine philosophierende Musik oder musizierende Philosophie, weil erzählbare Inhalte Urnen mit Asche sind, die zwar voll, doch gleichzeitig auch leer sind.

Er ahnte, daß jene uralte Gleichung »Je klarer die Spuren, um so leichter die Schritte« nicht ganz stimmt. Denn Herkunft und Zukunft sind nicht das gleiche, wie sich das zu jener Zeit so manche in Europa zusammenreimten. Eine solche Gleichung hält den Boden der Zukunft für garantiert. Wir Europäer lieben zwar das Heil in der Zukunft, doch unser Wille dazu ist tückisch und braucht Reiseführer. Heilige Bücher über die heilige Herkunft. Er entwertet die Gegenwart und macht aus ihr ein wertfreies Nirgends, da wir einem Sein unser Dasein, einem »Dahin« unser »Da« opfern. Die Zukunft nach hinten nennen wir Geschichte, und keine andere Kultur hat je so viele Märtyrer geheiligt oder so zahlreich abgebildet.

Solange wir damit nur Tempel schmückten, schien es gesund, doch wir sind säkular geworden. Unser Perfektionismus gebar völkische Erwähltheit und wollte sie züchten. Das war nicht einfach, denn so viel Herkunft bekommt keiner ohne Urkundenfälschung. Also haben wir herrisch gedeutet, was früher nur herrlich war, haben Output zum Input gemacht und luden mit diesem Stoff unsere Kanonen auf.

Auch die auf dem Hradschin gaben Feuer, so daß die Tauben auf der Kampa erschraken, aufstoben und in der Höhe irrten. Sie wollten zum Kleinseitner Radetzky-Platz, doch gelandet sind sie auf dem Platz der Republik. Und die Soldaten, die die Stadt vom Franz-Josefs-Bahnhof aus verließen, kehrten auf dem von Wilson zurück.

Der tschechische Teil Prags fühlte sich wohl und genoß die Tage, der andere wurde jedoch verwundert und ängstlich. Für so was zog man doch nicht in den ersehnten Krieg! Ein Musikerohr hätte den Unterton hören können, das seltsame Rauschen der Gegend, das mehr einem Kirtag in Polička ähnelte, als einer Oper von Wagner im deutschen Theater zu Prag.

Doch es hörte sich nicht übel an, wenn man es nicht theatralisch sah und nicht mehr als Wirkung und Ursache deuten wollte. Als würde da eine neue Botschaft hörbar: Die Musik wollte nicht mehr verschönern, als wäre das Schöne bloß eine Art von Aufputschmittel. Sie sollte schon an sich etwas Schönes sein! Martinů schrieb eine solche Musik, doch seine Prager verstanden ihn nicht.

Dennoch lebte Prag politisch euphorisch und zugleich engherzig. Es öffnete sich nur mit Vorsicht, und in der Tat charakterisierte die ersten Jahre der Tschechoslowakei der Wille, in der Heimat zu besorgen, was man noch gestern in Paris, London oder Berlin suchte. Viele reimten noch »český« mit »hezký«, tschechisch mit hübsch.

Martinús Prager sahen in ihm keinen Weltmann, sondern einen Fremdling. Das erste Mal warfen sie ihm vor, er sei keiner von uns, keiner der üblichen Czeskies und Heskies. Der Vorwurf galt zwar nicht der üblichen Deutschtümelei wie etwa bei Smetana, dem großen Mann aus Leitmischl, doch Martinů war uns zu franko- bzw. russophil, zuviel Debussy und Strawinsky. Doch er litt nicht darunter, wie sein Vorgänger aus der ostböhmischen Nachbarschaft, sondern er wurde stolz.

Martinů, der »unverbesserliche Vernachlässiger«, gab lässig und lustig zurück, schrieb den bis dato bei uns nie gehörten Satz: »Ich habe Zeit!« Mit anderen Worten, mein »Dabei-Sein«, meine *přítomnost* ist flotter als euer »Drinn-Sein«. Das macht die Musik. Das Grenzenlose ist meine Grenze! Also lächelte er und wurde biographisch gesehen wieder ein Musicus Bohemicus, ein »Weltsky« wie so mancher vor ihm, als noch die Musik die Heimat der Musiker war und nicht die Nation. Ergo wird er auch keine Braut verkaufen müssen wie Smetana mit seiner genialen Buffa. Sondern er wird zum Bräutigam der Juliette, die bereits an der Seine wartete.

Martinů kam aus Böhmen. Wie eingangs gesagt hängen Böhmen und Boheme zusammen. Lebenslust gab es in Paris zu Zeiten von Martinů noch genug, ebenso wie den Glauben, der das Heute mehr schätzt als das Gestern oder das Morgen. Zumindest im Wienerisch-Deutschen mit seinen tschechischen Bezügen muß ich nicht erklären, daß jemand, der »auf lepschi« geht, nicht auf den Friedhof oder zur Messe eilt. Auch die Bohème ist nur eine mächtige Preisung an die Jetzt-Zeit.

Martinů zog durch Paris. Er liebte schlichte Adressen, Höfe und Gärten, auf denen man sokratisch bis in den Tag plaudern konnte. Erst wenn die Nacht kam, so kamen auch die Träume, natürlich nur menschlich privat und somit nicht peinlich. Die Wachenden hatten eine öffentliche Welt, die Schlafenden eine private. Aber sie durften aufwachen, manchmal erholt, ja geradezu gereinigt.

Vor dem Krieg glaubte ein bei uns geborener Wiener Professor daran, daß wir auch eine Schlafwelt gemeinsam hätten, so wie Träume darin, die gar nicht sehr individuell wirken. Diese Behauptung hielt man jedoch für skurril wienerisch. Eine Unterebene der Seele? Wo wir das Lästige lagern? Unerhört. Vielleicht im Prater oder in Příbor – irgendwo bei den böhmisch brabbelnden Menschen wo der Gelehrte zur Welt kam. Aber auf dem Champs-Elysées und Picadilly? Nein. Jetzt aber nach dem Desaster des Krieges war dieser Glaube nicht mehr zu stoppen. Als wollten Verlierer wie Sieger nun wissen, woher das Morden käme, das sie so freute und das Belastende zu Tage fördern, das Unbewußte bewußt machen.

In Frankreich sah man darin sogar etwas Schönes, das man weltverbesserisch nutzen wollte. Man sah das Untere ganz oben und nannte es Überwirklichkeit, Surrealität. Viele Künstler tauften sich Surrealisten und dachten relativistisch oder antipoetisch. Doch in Wirklichkeit waren gerade sie große Dichter, von denen einer *Juliette ou la clè des songes* schrieb. Juliette oder das Traumbuch. Ein Stück ad causam der seelischen Tiefe, in der man waten kann wie bei Ebbe oder eben nach diesem grausamen Krieg, als alles brach lag. Nicht nur Kathedralen, auch Kartausen waren chaotisch verstreut und beliebig zusammensetzbar. Früher hätte man von der Vergänglichkeit des Menschlichen gesprochen, jetzt nur noch von der Vergänglichkeit des Vergangenen.

Das Unbewußte bewußt machen? Warum nicht, man braucht nur das Unwirkliche zu verwirklichen. Der französische Erzähler George Neveaux beschrieb diesen Prozeß, allerdings noch immer als eine Art des Watens im seichten Wasser der Seele. In seiner »Juliette« gibt es eine Kleinstadt, ein Polička am Meer. Die Leute hier haben kein Gedächtnis, so daß ein Verlust des Zeitmaßes, normalerweise ein Zeichen des Wahnsinns, zur Norm wird.

Und die Menschen geraten offiziell hierher, nicht nur indem sie einschlafen und bei Hypnos landen. Hier betreten sie ein Amtszimmer, in dem ein Beamter ihren Namen notiert. Dann lösen sie ein Ticket und bekommen ihren

Wunschtraum. Nicht anders als heute in einer Videothek. Was für eine handfeste Vision datiert schon 1930! Eine Peep-Show der Seele.

Da erscheint ein Neuling wie Michel, der Buchhändler und die Hauptfigur des Stückes. Er hat noch sein Gedächtnis, doch ist er betört durch eine fatale Reminiszenz, ein Mädchen im Fenster, ein Lied. Etwas Einzigartiges, von dem sich Michel nicht lösen kann.

»Gestern, kaum eingeschlafen, kamen sie her«, sagt ihm der Beamte, »sie sollten aufwachen und von hier fort!« Allem Anschein nach hat er Mitleid und weiß, was hier angeboten wird.

In diesem »Traumbuchstück« wird jedoch kein einziger Traum gedeutet und kein Omen des Kommenden entziffert. Die Menschen fesselt die Vergangenheit, als würde ihre Jetzt-Zeit zum Schwarzen Loch.

Michel könnte seine Erinnerung bieten, doch er sucht seine Juliette. Da aber alle Mädchen hier so heißen, sieht es aus, als wolle er ein Massenprodukt.

In Frankreich ist der Tod weiblich wie auch in Tschechien. Ist also Juliette eine Moira? Und der milde Hypnos ein Thanatos, der Gott des Todes verwandelt in diesen Amtmann als Faktotum des ewigen Vollzugs? Wer hier wie Michel das Hotel »Zum Seemann« sucht, besteigt kein Traumschiff, sondern eine Galeere auf einem böhmischen Meer.

Als Neveauxs »Juliette« ihre Premiere hatte, war Paris noch »bohemien« und dennoch dem Schauspiel nicht gewachsen. Der Text wirkte provokant, als wäre der Autor kein Träumer, sondern ein Hellseher, der das Ende der gängigen Herrschaft prophezeit. Ein Hauch von altgriechischer Tragödie lag in der Luft. Wie sonst hätten sich all die braven Bürger so echauffiert? Sie fühlten sich verschaukelt, denn sie wollten wachend nicht wissen, was sie schlafend schon ahnten. Sie hatten Angst, doch den Ängstlichen Wünsche zu erfüllen, ist einfach. Man redet sie ihnen ein, und der

Traum gewährt dann, was die Wirklichkeit versagt. Es reicht, die Werte des Wahnsinns als Sinnwerte anzubieten und ein Büro zu gründen: »Komitee für das Kommende«, ein Zentralkomitee der Zukunft.

Als Martinú das Stück von Neveaux entdeckte, hatte der Surrealismus bereits seinen Zenit erreicht. Das Über-der-Wirklichkeit war nicht mehr zu steigern, und selbst Prag wollte Martinú jetzt zurück. Endlich kam die Öffnung, die üblichen Neider schwiegen. Auch Martinús Erfolg war nicht mehr zu leugnen. Prag hatte jetzt eine eigene Gruppe von exzellenten Surrealisten. Es lag zwar im Auge des Taifuns, doch um so mehr wollte es seine *přítomnost*, sein Jetzt, seine »Dabeiheit«!

Die Gefahr von draußen beschleunigte die Inszenierung. Martinú konnte mit den Besten des Landes rechnen, und es sah sogar aus, als hätte er mit seiner Oper noch einmal die zyklische Zeit beschworen. Doch es war deren letzter Pendelschlag.

Wie von dem Komponisten vorgeschrieben, sollte der Dekoration etwas Unnatürliches anhaften. Als auf der Bühne in Prag das Amtszimmer aufgebaut wurde mit dem Bürotisch, an dem sich jeder seinen Traum abholen darf, als die Insignien noch einmal aufpoliert wurden, damit sie den vom Volke bejubelten Helden schmückten, der eine historisch werdende Geschichte parat hatte, die mehr als zehn Minuten im Gedächtnis bleiben sollte, da geschah in Wien etwas, was die Prager Premiere zu einer Reprise machte.

Am Vortag nämlich setzte sich an der Donau ein schwarzer Mercedes in Bewegung mit einem Mann, der vorgab, eine Geschichte für tausend Jahre und mehr erzählen zu können. Er fuhr im Schritt zu seinen Massen. Das Hotel hieß nicht »Le Navigateur« sondern »Imperial« und der Jubel galt einer Meldung, die den Vollzug der gewagtesten Träume bekannt gab.

Ich weiß nicht, ob der Mann von seiner Polička-Connection wußte. Auch die war nämlich surreal, denn unter den Menschen vor der neuen Hofburg könnte sich Marie Zakrajs, seine Vermieterin aus der Stumpergasse, befunden haben. Er zahlte zwanzig Kronen monatlich für eine Stube im Untergeschoß. Noch mußte er für seine Überwirklichkeit seelisch wie materiell leiden, doch er war voller Hoffnung das Irreale zu realisieren. Die Wirtin mochte ihn, und er schätzte sie ebenfalls, obwohl ihr böhmischer Akzent frappant, ja untermenschlich klang. Darüber hinaus wußte der Mann sicherlich nicht, daß der Name Zákrajs in Polička etwas bedeutet, denn einer von den Zákrajs hinterließ eine Straße und ein schauriges Drama: »Letzte Hinrichtung auf dem Galgenberg«.

Ist das ominös? Ich weiß nicht, aber es ist surreal genug. Die Aufführung war prächtig und zugleich ein Auftakt des Gruselns, da nach Jahr und Tag auch Prag den schwarzen Mercedes sehen wird. Der Professor in Wien, unser Entdecker des kollektiven Alptraums, packt dann seine sieben Sachen und flieht in das Individuelle der Träume. Bald darauf setzt sich der ganze Kontinent in Bewegung: Soldaten, Flüchtlinge, Panzer und Kinderwägen.

Martinů verläßt Paris und versteckt sich im Süden. Ähnlich wie Michel in unserem Stück, entgeht er nur knapp einem Todesurteil, flüchtet nach Spanien, Portugal und in die Staaten. Sein Leben nach »Juliette« wird er als »Juliette in actu« beschreiben. Auch seine Tschechen bekommen ein Traumamt für die Öffnung aller Wünsche, denn im Jahr '48 kommt die Kommunistische Partei an die Macht.

Ein Kommissar für das Völkische in der Musik schreibt über Martinů: »Hört Euch das an. Wo ist der Inhalt? Nicht einmal eine einzige Melodie erklingt darin, die fähig wäre, in die Münder unserer Soldat zu passen …!«

Martinů wird wieder zum Fremdling und Flüchtling, diesmal lebenslänglich. Er wird Heimweh haben, bis auch er seine Juliette sieht und bekommt, da er schon bald stirbt.

Doch wer seine Musik hört, hört ionische Musen. Das Schöne als Lob der Gegenwart, in der das Leben Mut macht, die Zukunft zu wollen. Dies ist der Grund, warum Martinú immer aktueller wird. Da er an den *actus purus*, an das Göttliche, erinnert. Das Wort des Anfangs verwandelt sich in einen Gedanken und wird zum endlosen Zeitpunkt, der vibriert und in uns Resonanz findet.

Anti-Schwejk oder
der Tscheche aus Deutschbrod

Noch einmal will ich Sie aufhalten, wenn wir schon an der Wasserscheide Europas sind, an der Grenze zwischen Böhmen und Mähren – und zwischen Wein und Bier. Da Sie uns meistens als Schwejks bewundern, möchte ich Ihnen von einer Art »Nicht-Schwejk«, einem Anti-Schwejk erzählen. Von einem gewissen Havlíček. Schon wieder eine Verkleinerung! Havlíček kommt von Havel, so wie Pavlíček von Pavel: Paulus und Paulchen, Gallus und »Gälchen«.

Ich weiß nicht, warum es bei uns noch so wimmelt von all diesen Gallus-en, Havel, Havlas, Havelík, Havelka und Havlíček usw., denn der berühmte Ire, der das Kloster in St. Gallen gegründet hatte, kam nie zu uns. Also lieben wir ihn wahrscheinlich aus den gallischen Gründen unserer Herkunft. Auch in Gallizien ist »Gawel« beliebt. Er könnte beinahe mit Wenzel mithalten und Václav. Wenn jemand bei uns also Václav Havel heißt, strotzt er nicht gerade vor Originalität, und muß wirklich viel beitun, um das Café Hawelka in Wien in den Schatten zu stellen. Und zu Hause wird er an Havlíček gemessen, einem Mann aus dieser Gegend.

Fahren wir also von Polička südwärts nach Havlíčekuv Brod, wie es heute heißt. Einst nannte es sich Deutschbrod, als die Herkunft noch keine Herrschaft bedeutete. Das Städtchen benannte man nach den Kolonisten, die hier den Acker zum Zwecke der Blüte bekommen hatten von einem böhmischen König, der in einem bereits städtisch blühendem Reich zum ersten böhmischen Kaiser werden wollte. Da er ein bißchen zu tschechisch roch, mußte er über ein Schlachtfeld am Marschfeld, verlor die Fehde und das Leben, aber die zahlreich und zahlend von ihm gegründeten Städte sind geblieben. Manche von ihnen, wie eben auch Polička oder Deutschbrod, haben bald schon tschechisch parliert, denn ihre Umgebung war vorher bereits gut besiedelt.

Es ist also nicht verwunderlich, daß der größte Tscheche des 19. Jahrhunderts aus Deutschbrod stammt und in den turbulenten Jahren der bürgerlichen Revolutionen ein Bürger mit Ethos wurde. Das bedeutete, daß man zu seinem Stand auch Mut und Klugheit hinzufügen mußte, besonders zu Zeiten, als das Ducken üblich war.

Die Jahre nach den großen Ereignissen um 1848 war es in den böhmischen Landen mucksmäuschenstill. Nur dieser Havlíček Karel sprach klipp und klar tschechisch. Als er am 16. Dezember in Deutschbrod verhaftet wurde, war er bereits aus Prag in das Ländliche seiner Jugend vertrieben worden. Er war kaum dreißig und schon ein Staatsfeind! Aber so klug, daß man seiner aufgrund der bestehenden Gesetze nicht habhaft werden konnte. Also kreierte man in typisch hiesiger Manier ein Havlíček-Gesetz, damit schon damals jeder Übeltäter sagen konnte, er habe nur seine Pflicht getan. Die Reise ins Unbekannte, die Havlíček bevorstand, ist literarisch und polizeilich erfaßt worden. Dabei entstand ein Gesamtkunstwerk, von dem manche Künstler träumen, ohne je nur andeutungsweise diese Einheit von persönlicher und allgemeiner Geschichte mit dem Literarischen zu erreichen. Schön faktisch wurden selbst seine intimsten und intuitivsten Eindrücke notiert sowie kommentiert, noch bevor er sie selber zu Wort bringen konnte. Denn er hatte ein alter Ego, Wachmann F. Dedera, die polizeiliche Muse.

Das unbekannte Ziel hatte sich schließlich als Tirol entpuppt, und Havlíčeks nun entstehende satirische Schriften, die *Tiroler Elegien*, gelten bis heute als dichterisches Kunstwerk und gleichzeitig als vielleicht wichtigste Quelle der tschechischen Gradlinigkeit. Das Modell des aufrechten Ganges als etwas wie ein genetischer Anti-Schwejk-Code, der uns ebenfalls repräsentiert. Europa mag das »Schwejksche« in uns, und ich gebe zu, manches gibt diesem Bild auch recht. Nur wenige aber wissen von unserem Havlíček sowie seinem fast messianischen Aufstieg aus dem Untertanentum des Biedermeier.

Ein Messias? Er, der verbissene Feind der österreichischen Kirche, den so mancher damals für einen Hussiten und Anti-Christ-Redivivus hielt, soll Erlösungsgedanken gehegt haben?

Er fing immerhin sehr christlich an in jener dahinsiechenden barocken Bohemia mit ihren Dorfpfarren und Lehrern. In einer Zeit, in der das 19. Jahrhundert nur Obskures sah. Havlíček selbst schonte sie keinesfalls, denn die Gegenreformation war für ihn reines Unglück. Als der Epigrammatiker unter uns brachte er das etwa so zum Ausdruck:

Worunter unsre Bücher litten
unter Pilz und Jesuiten.

Wobei das eigentlich noch ein sehr milder Text von ihm war. Aber die Zeugen seiner Jugendjahre, die Größen in Borova und Deutschbrod, erinnerten sich an ihn nicht nur als den besten und lautesten Kopf der Gegend, sondern auch als einen aus vollem Herzen gläubigen Jüngling, der Priester werden wollte – und beinahe auch geworden wäre.

Hätte es Fürst Metternich und sein Reich nicht gegeben. Ein Staat, wo Deutsche, Tschechen, Ungarn, Slowaken, Südslawen, Polen, Rumänen und Italiener in Schweigen und vorgeschriebenem Glück lebten. Eine Idylle, in der alle bereit sein mußten, ihr Leben mit Vorliebe für das Übliche zu leben. Es war ein verwaltetes Glück, das Bonum bürokratisch. Havlíček glaubte aber an Glück, das sich bei den Seinen selbst erlösend meldet ohne Tintenfässer und Stempel.

Die Eltern wollten ihn vernünftigerweise zum Juristen ausbilden. Sein Vater Mathias war ein wohlhabender Kaufmann, der die Begabung seines Sohnes bewunderte und zugleich fürchtete. Er wußte, daß jemand, der in dieser Zeit etwas Gutes tun wollte, bereit sein mußte, viel Böses zu akzeptieren. Imitatio Christi, Jesus nachzuahmen, die Haupttugend der Christen, war ihm zwar Parole aber nicht Praxis. Dennoch gab der Vater nach, und Karel zog nach Prag, doch die Jahre im Seminar waren langweilig, und so verließ er es wieder. Göttlich an Havlíček war allein seine Begabung, sein Sprachvermögen und stilistisches Können. Vor ihm hatten wir kein solches Talent, und jeder nach ihm mußte sich daran messen.

Da Gott per Institution nicht zu haben war, nahm er mit ihm per Intuition vorlieb. Und die Intuition verriet ihm, daß die Nation göttlich sei. Es war die Zeit der Nationen! Volk und Staat gehören zusammen, wie es die Franzosen so einfach in Paris verkündet hatten. Wir Tschechen waren zwar ein Volk, der Staat jedoch fehlte uns.

Diese Feststellung war schmerzhaft und mit der Erinnerung an einen Kaiser verbunden, der uns den Staat stehlen wollte mit der Begründung, wir seien gottlos. Aber wir waren bloß Protestanten und dachten, ein Staat könnte verschiedene Formen der Frömmigkeit ertragen. Daran glaubte der Kaiser nicht, denn sein Gott und sein Staat sollten identisch sein. *Fiat iustitia pereat mundus.* Es lebe die Gerechtigkeit, selbst wenn die Welt sterbe. Ein Krieg brach los mit fatalen Folgen. Wir erinnern uns an das Kapitel über Jesensky und die große Hinrichtung in Prag. An deren Ende gab man zwar zu, daß es verschiedene Frömmigkeiten geben könnte, nicht aber unter ein und demselben Fürsten. So mußten wir entweder kuschen oder wandern.

Diese beinahe vergessene Geschichte kam jetzt langsam wieder zur Sprache. Es kam die Zeit in der nicht die Fürsten, sondern die Nationen das Sagen hatten. *Liberté, Egalité, Fraternité!* Wie verlockend: Gleichheit und Freiheit wollten wir Tschechen unbedingt. Mit der Brüderlichkeit war es ein bißchen schwieriger. Man wollte sie natürlich unter den Unsrigen oder auch generell: »Diesen Kuß der ganzen Welt!« Es gab aber Bolzano, einen Philosophen und Priester, der auf Havlíček wirkte. Er wollte unerhörter Weise Brüderlichkeit auch zwischen Tschechen und Deutschen, weswegen er bald gleichermaßen unbeliebt in Prag und Wien in die Verbannung aufs Land mußte.

Karel war traurig. Zum Glück lobte ein anderer Träumer aus Deutschland, Herder, uns Slawen und sah in uns die Zukunft der Menschheit. Eine edle und rührende Sache, die Havlíček prüfen wollte, und da nur die russischen Slawen damals ohne Fremdherrschaft lebten, fuhr er zu ihnen. Doch dort wäre er beinahe erstickt, denn die russische Nähe kannte zwar »Innerlichkeit«, aber nicht das Innere. *Liberté,* die Freiheit des Menschen, mochte sie nicht. Das Volk und der Zar waren hier alles. So klärte sich in Rußland für Havlíček so manches, was vorher dunkel schien, und er kehrte heim, um nur noch Tscheche zu sein. Kein Tschechoslowake! Das sprach er dermaßen trefflich aus, daß ihn noch ein Jahrhundert nach seinem Tod, als zwischen 1948 und 1989 das Slawisch-Völkische regierte, die sowjetisierenden Russophilen bei uns nicht mochten.

Zurück in Prag war Karel ein liberaler Tscheche, der die eigene Sprache schätzen gelernt hatte. Sein Tschechisch war so reichhaltig, daß man noch heute staunt und mitfühlt. Er wurde Schriftsteller. Als Beinahe-Priester glaubte er an das Wort, wenn nicht an das Wort des Anfangs, so an eines, das am Ende doch noch zu finden ist. Vielleicht meinte er, eben dies wäre Freiheit, *svoboda*.

Er nahm sich die Freiheit und schrieb so freimütig, ja frech, daß es skandalös klang. Ein unbekannter Junge wagte es, sich über das Schreiben von Nestoren unserer soeben geretteten Nation zu echauffieren. Und dazu noch klug und witzig. Havlíčeks Maßstab waren die großen russischen oder deutschen Dichter und nicht die lizenzierte Idylle des Tschechentums mit seiner Hackordnung mitten im böhmischen Dorfe.

Er wollte es nun bürgerlich! Engländer und Franzosen waren dafür Musterbeispiele, ebenso wie das Bürgerliche in der Monarchie. Als die Bürgerlichkeit immer lauter wurde, bestärkte ihn das so in seinen Zeitungen, daß er nicht nur zum »Meinungsmacher« sondern auch zum Machtfaktor avancierte.

Sein Konzept jedoch war ganz österreichisch, denn er wollte einen Bundesstaat mit freien Völkern, Liberalität und Gleichheit. Und wenn schon nicht mit Verbrüderung, so zumindest mit einer Partnerschaft.

Als ein Mann, der so viel innere Flamme für das Nationale zu zünden wußte, war er sich wohl bewußt, daß diese Art der Innerlichkeit nach außen zu einem Flächenfeuer anwachsen könnte. Und er war sehr kritisch mit seinen radikalen Tschechen. Auch die nationalen Töne in Frankfurt, wo sich das erste deutsche Parlament traf, haben ihn beunruhigt. Seine berühmte Absage hinsichtlich der Entsendung einer tschechischen Delegation war nicht nur politisch, sondern auch so poetisch bissig, daß sie zu einem Volkslied wurde.

Já pán – ty pán, war sein Motto. Also zu deutsch: Ich bin wer – du bist wer. Havlíček hat die Asymmetrie zwischen der deutschen und der tschechischen Welt nicht mißachtet. Er wollte lediglich, ganz christlich säkular, nicht nur Gleichwertigkeit vor Gott, sondern auch Gleichwertigkeit der Bürger vor einer Konstitution, an der er als zeitweiliger Abgeordneter in Kremsir mitzuwirken hatte.

Er ahnte die Gefahr, die von den Autokraten Europas ausging. Zaren und Zensoren waren in der Lage, sich schneller zu vereinigen als Propheten und Proletarier. Was die Proletarier betraf, so schätzte er zwar die Arbeit, aber nicht die Verherrlichung der Arbeiterklasse. Arbeit blieb für ihn immer Kopfarbeit, auch außerhalb der Fabriken. Zudem hatte er den Mut, den ländlich-tschechischen, antijüdischen Unkenrufen die Frage nach der Gleichstellung der Juden zu stellen.

All das machte Havlíček einsam. Als sich dann aber nicht nur die Deutschen von ihrem Kaiser zähmen ließen, sondern auch die Franzosen ihre Republik einem dritten und drittklassigen Napoleon anvertrauten, stand er völlig alleine da. Jetzt wagte auch der junge Kaiser in Wien sein Genius vorzuführen, vital und fatal, wie sein ganzes Leben lang. Seine aufoktroyierte Verfassung wurde für Havlíček zum »roten Tuch«. Mit ihr verbreitete sich eine Atmosphäre, in der die bisherige Maxime »treu und bieder« in ein besonders in Böhmen spürbares »falsch und feige« verkam. Der gemäßigte Havlíček trotzte dem mit einer Radikalität, die alle überraschte. Er wollte kein Märtyrer werden, wollte aber auch keine Revolution entfesseln. Er leugnete lediglich nicht die Evolution, denn diese ewige Sünde dummer Herrscher war ihm zuwider.

Sonst aber verhielt sich das Regime nicht ohne Pfiffigkeit. Es hatte nicht übersehen, daß Havlíček einen, heute würde man sagen, »Medienpool« aus dem Boden stampfte. Also prüfte man zunächst, ob er nicht doch als ein bißchen »falsch und feige« zu haben wäre. Man wollte seine Zeitung kaufen oder verlangte eine kleine Mäßigung und warnte ihn.

Als es in Prag nicht mehr weiter ging, zog er nach Kuttenberg und gab dort ein anderes Blatt heraus sowie zusätzlich als säkularisierter Christ ein Büchlein, benannt *Die Kuttenberger Episteln.* Wiederum schrieb er so klug und klar, daß man ihm nicht mit gängigen Mitteln beikommen konnte. Man versuchte es mit Prozessen und letztendlich mit dem eingangs schon angesprochenem »Lex Havlíček«.

Erst jetzt stellt er das Periodikum ein und zieht nach Brod, nah an seinem Geburtsort Borová. Dort nennt er sich Borovský, zu deutsch Karel Havlíček von Borau, um seinen Stolz zu betonen. *Já pán – ty pán.*

Auch darum hat man ihn verhaftet. Nachts wird er abtransportiert und zittert, ob die Polizisten ihn nicht nach Spilberg oder nach Kufstein bringen. In die gefürchteten Kerker von Dedera, dessen Bericht umfangreicher ist als die Elegie von Havlíček, wissen wir, wie erleichtert der Konfinierte war, als die Zieladresse endlich feststand.

In der Tat war Brixen schon damals schön. Die im Vergleich zu denen bei Bovorá hohen Berge stimmten ihn optimistisch: An einem so schönen Ort kann man nicht nur leiden. Deshalb litt er würdig und mit Maß. Selbst den leidenschaftlichsten Hagiographen von ihm ist es nicht wirklich gelungen, aus dem Verbannungsort eine Art Kalvarie zu machen. Je näher wir Tschechen an unserer von Havlíček gewollten Selbständigkeit waren, um so sachlicher wurde der Blick zurück auf diesen Teil seiner Biographie. Letzten Endes wußten wir nur zu gut, daß unsere eigenen Dissidenten in den volkseigenen Kerkern wie etwa Havel wesentlich schlechter dran waren als einst Havlíček.

Brixen verdanken wir eigentlich den ganzen Dichter, denn das, was ihn endgültig epochal machte, sind die drei Werke, die er dort verfaßte. Die Elegien sollten eigentlich »Brixener« heißen. Ihre Bissigkeit, Selbstironie und Übersicht habe ich schon kurz anklingen lassen. Havlíček fand hier aber auch die *Briefe aus Irland* von Moritz Hartmann und darin eine Vorlage für sein zweites Opus *König Lauron*. Eine Parabel von einem Herrscher mit Ochsenohren, der langes Haar trägt und seine Frisöre tötet, damit sie nichts ausplaudern. Das dritte Werk, die *Taufe des Heiligen Vladimir*, blieb unvollendet aber ins Unendliche reichend als Metapher und Memento der russischen Seele.

Mit diesen Büchern war Havlíčeks Leben auch schon beendet, denn bald sollte er seine junge Frau verlieren und selbst lungenkrank sterben. Zu Hause, denn man ließ ihn gehen. Er sollte lediglich das Versprechen geben, mit dem Schreiben aufzuhören. Doch es war längst zu Ende, das Werk war vollbracht.

Und was für ein Zufall oder Zusammenfall der Umstände, daß mit Brixen auch ein anderer Mann liiert ist. Der Bischof und Gelehrte Nikolaus Kusanus, ein genialer Kopf, der seine Zeit sprengte und bis zu uns ins 21. Jahrhundert reicht. Er sagte über Gott: »Falls er alles übersteigt, bricht er auch die Grenzen, die uns unsere Vernunft setzt. Die Widersprüche der Menschen sind für ihn keine, denn im Unendlichen begegnet sich alles auf friedliche Weise. Es ist der große Zusammenhang, den nur unsere Kenntnis im ganzen nicht zu erkennen vermag.«

Also fällt der Gegensatz irgendwie zusammen, wofür Havlíček und Brixen ein Beweis sind. Und nicht die Dialektik, die uns in ihrem kommunistischen Mantel beibringen wollte, daß Gegensätze nur das »gegen« kennen, um sich gegenseitig zu vernichten und am Ende Blut und Exkremente zu bekommen. Das Widersprüchliche löst sich auf, da es das Unendliche gibt. Der Herr von Borau, unser Havlíček, lebte den Widerspruch, weil er diese »Chancen« ahnte.

Eine Stadt namens B.

Es gibt einen berühmten Roman, in dem ein Kapitel eine Stadt namens B. irgendwo bei uns um 1910 schildert. In einer deutschen Schule erzählen die Lehrer, hierorts habe man wider die Tschechen gepredigt, als sie noch Hussiten hießen. Und nebenan in einer tschechischen Schule hören die Schüler, daß B. nie deutsch gewesen sei und die Deutschen ein Diebsvolk wären, das sich fremde Vergangenheiten aneigne, um damit zu prahlen. Merkwürdigerweise wurde so etwas nicht untersagt. Vielmehr eher als eine Art Mäßigung zelebriert, die dem Land mit dem skurrilen Namen Kakanien über die Runden helfen sollte.

Sie wissen, ich spreche über das sogenannte kakanische Kapitel in einem nie zu Ende geschriebenem Buch: *Der Mann ohne Eigenschaften*. Der Roman ist deutsch, aber der Autor trägt den tschechischen Namen Musil. Auf tschechisch ist Musil ein Mann mit Eigenschaft. Einer, der ständig etwas muß, ohne genau zu wissen, was. Ein Neurotiker. Daß so ein »gemußtes« Buch kein Ende hat, wundert einen Tschechen wenig. Ich habe ihnen schon von unserer Zeitauffassung erzählt, über unsere nie endende Dabeiheit und die angefangenen und anzufangenden Taten, die bei der Schilderung ihre eigene grammatische Form finden. Über das Noch-nicht-da-Seiende und das Nie-fertig-Erzählte als die Substanz unserer Sprache. In diesem Sinne ist der *Mann ohne Eigenschaften* ein Urtext der Tschechenseele. Musil hat gewußt, wie man tschechisch die eigene Existenz verlängert, indem man ununterbrochen von ihr erzählt. So hatte er unseren Duktus angewandt, in dem das Präsens präsentiert wird und verewigt. Schön doppelsinnig, nicht wahr? Auch dieses B. ist doppelsinnig. Es geht um Brno oder Brünn. In diesem »Brnobrünn« lebte Herr Musil und fühlte sich beschissen. Die witzige Umwandlung des imperialen K.u.K in Kakanien klingt typisch nach uns, bitter und blasphemisch.

Hörte er dieses Wortspiel in den Straßen rund um die tschechische Schule? Hier war das K.u.K. ein Kürzel für gestohlene Geschichte. Eine schlechte Marke für eine noch schlechtere Ware und den nicht zu duldenden Dualismus, der die tschechischen Wurzeln des immer noch gemeinsamen Staates öffentlich leugnete. Der die Wurzeln nicht haben wollte, so zahlreich und bruchartig wie sie sind.

Man mochte damals gradlinige Sachen. Nicht Baumstämme, sondern auf exklusive Äste beschnittene Stammbäume. Doch der Baum fing an zu wackeln, denn für einen Windstoß war er nicht stark genug. Der Hader der Nationen brach los, und Musil litt darunter, weil er das Wackeln fühlte, gleichzeitig aber auch Teil davon war.

Bei all den Klestils und Klaus, Dienstbiers und Dvořáks-Hofbauers, Gruschas und Gottwalds, Vranickýs und Watzlawicks war es nicht einfach linear zu bleiben. Man war echt verwurzelt und hätte eine breitere Verknüpfung gebraucht, in die das Engere freiwillig und gern hineingepaßt hätte. Aber unsere Väter glaubten nicht an die Breite. Das Breitere sollte sich schlanker machen, da das Eigene alles war. Eigenschaften zu wollen bedeutete Enteignungen. Bäume in Reih und Glied, Völker wie Zuckerrüben.

Wir Tschechen nannten das *Národní socialismus* und stellten es uns eher rosa als braun vor. Es ist doch nur natürlich, wenn ein Sozius, ein Freund und Genosse, eine Nation hat. Genossen und Freunde! Wenn schon Brüderlichkeit, so im eigenen Volke! Unsere deutschen Landsleute hatten sofort die deutsche Fassung parat, den Nationalsozialismus. Erst diese Deutung brachte die allgemeine Identitätskrise. Exklusivität und Vermassung in einem! Oh Gott, das sollte kein Widerspruch sein, es reichte nur Wurzeln zu haben. Wurzeln vom lateinischen *radix* – also radikal. Und es kamen radikale Prediger der Getrenntheit und suchten nach neuen Genealogien als Geschichtenerzähler mit falschem Ton.

Die beiden Schulen in B. lieferten das Beispiel. Nicht die politische Nation wurde zum kakanischen Begriff, sondern die ethnische, der Stamm und Standort als Sinnbild der Heimat. Sprache wurde zum Grund der Sprachlosigkeit, des Nicht-Verstehen-Wollen.

Es ist aber lebenswichtig, das Chaos des Lebens nicht nur individuell, sondern auch allgemein in eine Fabel zu fassen. Wer das nicht schafft, fühlt sich entwurzelt und sinnlos. Denn Wurzeln sind nicht nur zum Erden da, sondern auch zum Schlagen. Story und Stoff hängen zwar zusammen, sind aber nie dasselbe. Kluge Gesellschaften belassen diesen Raum unbesetzt, denn es ist der Raum ihrer Freiheit. Wer hier Identität erzwingen will, macht das Faktische nichtig und bleibt letzten Endes auf seiner Story sitzen. Unsere Väter haben so agiert, und darum sitzen wir auf unseren Geschichten und brauchen Gebrauchsanweisungen. Denn die Geschichte unserer Geschichten hatte kein Happy End, ihr Ergebnis ist ein Trauma, das ein beiderseitiges Faktum ist.

Es ist also wichtig, lieber Tschechenforscher, daß du Brünn besuchst. Nicht nur, weil die Stadt die kakanischste unserer Städte ist, nein, sie blüht und öffnet sich gen Süden und betont wieder die Botschaft der Mäßigung. Musil hat nicht von ungefähr dieses Wort benutzt. Mähren war milder als Böhmen, und die bösen Worte aus Böhmen – Heimat, Recht und Volk – klangen hier doch leiser. Darum war es gerade hier gelungen, 1905 einen Ausgleich auszuhandeln.

Die tschechischen und deutschsprechenden Mährer kamen zu dem Schluß, daß es Wurzeln gibt, die man mögen kann, selbst wenn sie in die Breite gehen. Hingegen hat zur gleichen Zeit ein deutschsprechender Böhme aus Eger (Cheb) im Wiener Parlament herumposaunt, er würde nicht einmal mit seinem Hund tschechisch sprechen wollen – und dann wunderte er sich, als ihn nicht einmal der Hund verstand. Ein tschechischsprechender Böhme hielt in Prag sofort scharf dagegen: Entweder sie (die Deutschen), oder wir! Einer muß doch gehen! Und dann wundern wir uns, daß unser *wir* immer noch hinterfragt wird, nachdem sie wirklich gingen.

Wenn wir Tschechen sowohl mit Österreichern und Deutschen als auch mit Slowaken und Polen bald gemeinsam in der EU leben, sollten wir dann nicht an die Mährer denken, die bereits vor hundert Jahren eine Idee hatten, die der EU ziemlich nahekam? Laßt uns also dieses Brünn nicht meiden!

Wahrheit singt

Und setzen wir gleich mährisch fort. Als 1968 der Prager Frühling zu Ende ging, begann in der Katerstimmung der Nachinvasionszeit eine Polemik: Thema war wieder einmal das tschechische Los.

Zwei Schriftsteller stritten darüber, ob der Versuch, einem Ismus ein menschliches Gesicht zu geben, ein Unikum sei oder bloß eine Farce.

Milan Kundera aus Brünn meinte, es handele sich um etwas für uns Wichtiges. Die Welttrends zu erraten, ist die Chance der kleinen Nationen – wie wir eine sind. Das rechtfertigt ihre Existenz und macht ihren Reiz aus.

Václav Havel, der Prager, hielt fast schroff dagegen: Die Welttrends bleiben Illusion, wenn das eigene Haus kopfsteht. Und unseres steht doch kopf, seit 1948! Laßt es uns erst in Ordnung bringen!

Beide folgten später ihren Thesen. Kundera in Paris als Literat von Weltruhm (zu Hause neidisch herabgemindert), Havel als Autor, Häftling, Politiker und schließlich Präsident auf der Prager Burg.

Die Auffassungen änderten sich kaum. Kundera, ein

Mähre, mochte die Wahrheit im Präsens, Havel, ein Tscheche, im Futurum. Solche Dispute werden irdisch nie entschieden – selbst in Himmelshausen enden sie meistens mit einer Begnadigung. Für unsere Mährenreise ist jedoch Kunderas Haltung folgenreich. Sie belegt die mährische Deutung der Wahrheit. Hier bevorzugt man eine, die nicht erst siegen muß. Darum ist man hier stolzer, liebt das Lockere, kennt das heilsame Vergessen. Man vergißt – und vergibt. Die Wahrheit hat hier irgendwie schon gewonnen, sie muß nicht siegen, sie darf singen.

Der an seine Opera buffa gewöhnte Tschechotscheche predigt Gemütlichkeit (*klid*), aber wenn es hart kommt, wird er bierernst. Der Tschechomähre lebt dramatischer, predigt Freude und, auf die Probe gestellt, gibt er sich weinselig. Der Unterschied zwischen einem mährischen Masaryk und dem böhmischen Beneš macht das deutlich.

Und auch der Unterschied zwischen der tschechischen Oper und ihrem mährischen Gegenstück, zwischen der *Verkauften Braut* und der *Jenůfa*. In Leoš Janáčeks Meisterwerk wird das Dorf nicht verklärt. Die Babička (die heilige Oma der Tschechen) wird hier zur Mörderin. Der abgelehnte Bräutigam *er*kauft die Braut und würde es nie wagen, einen »Trug« als »bloß eine List« zu rühmen. In Jenůfa, dieser »gekauften Braut«, werden Messer gewetzt, Liebe wird fleischlich, in der Dorfkneipe Wein angeboten – und besungen.

In einem sind sich jedoch Tschechen und Mähren einig: Beide Getränke werden als Diminutiva gepriesen, als Bierchen (*pivečko*) und Weinchen (*vínečko*). Und wir wissen es schon (aus dem Oma-Tal), das Kleinere verklärt bei uns oftmals das eigentlich Große. Großmutter heißt »Kleinmutter«, sie ist aber keinesfalls klein, sondern doppelt so mächtig. Und Vorsicht – auch unser Kleinmut ist sehr hochmütig, wenn man ihn aus der Nähe betrachtet.

Wie Pivečko so Vínečko, mithin ist die innere Einheit in unserem Land gesichert, ungeachtet der Flüssigkeiten …

Unter den unzähligen mährischen Weinliedern nimmt sich eines besonders aus. Es hat einen schlichten Text, aber eine komplexe Philosophie. Es geht um *vínečko bílé* (Weinchen weiß), auch hier ist wieder die Größe gemeint. Dem Sinn nach verkündet der Sänger: »Du, großer weißer Wein, du kommst von meiner Liebsten, dich werde ich trinken, solange ich leb'!«

Eine rührende Liebeserklärung könnte man sagen. Dann folgt aber die zweite Strophe: »Du großer roter Wein, der du von der anderen kommst, ich werde dich trinken, solange ich leb'!« Man sieht, daß die Liebe dem Wein gilt. Das könnte man fast tschechisch deuten, gäbe es die dritte Strophe nicht, die die dialektisch-dramatische Triade krönt: »Euch beide werd' ich trinken, solange ich leb', ihr großen Weine mein!«

Jetzt und hier muß sich der *Čechnforšr* in einen *Mérenmajstr* verwandeln. In der Smetana-Hymne war es der Himmel, der das Getränk spendete: Sorgen und Kummer schienen hausgemacht, tschechisch irdisch. Gott schenkt den Seinen Trost. Ein Sedativum der Nächstenliebe, sonst wäre das Leben hier kaum zu ertragen. Im Mährischen kommt die Gabe von einer *milá* (lieb und geliebt zugleich) und nicht als ein Beruhigungsmittel, sondern anfeuernd. Víno und Milá gleichen einander. Bier und Braut? Stabreimmäßig ja, aber Marie hätte Hans bestimmt zurechtgestutzt, würde er sie »du, mein Pivečko« nennen.

Mährisch liegt die Wahrheit in *víno – in vino veritas* – sie ist aber nicht nur weiß, sie ist auch rot. Darum singt sie.

Will man diese singende Wahrheit erkennen, muß man sofort das Babinský- oder Jabůrek-Lied vergessen. In den Ohren eines musikalischen Mähren klingt das flach: Er kommt sich wie die Kanone vor: in einem fort laden, laden. Nervös, wann endlich eine Idee kommt, eine Kurve, eine rhythmische Steigerung oder einfach etwas, das nicht sticht und piekst. Die Mähren schätzen das Symmetrische nicht.

Wie gesagt, lydische Tonleiter, Pentatonik der Pußta, Panflöte, Zigeunerkapelle hinterließen hier Spuren. Ein von einem Chor begleiteter Bariton oder Baß, der keine eigene Meinung hat, nur mit männlich tiefer Stimme zubrummt oder wiederholt, kommt hier kaum in Frage. Hier singen Tenöre, einzeln und eigenwillig. Und wenn sich ein Chor dazugesellt, so tut er das oft auf eigene Faust. Auch die Sängerin ist eine Heroine, keine Naive oder Komikerin. Raum und Sicht werden in diesen Liedern vermittelt, Breite und Gefühl.

Tja – wo sind wir nun. Falls du mir, mein lieber Tschechenforscher, nach Polička und Brod gefolgt warst, so sitzt du jetzt bei Iglau! Jihlava – und zerbrichst dir den Kopf über Igel, die hier physisch nicht zahlreicher auftreten als anderswo. Ein seltsamer Ortsname (Beachte – ein *Iglo* ist sowohl vortschechisch, wie vorgermanisch und bedeutet eine Niederung voll Matsch. *Jihnout* heißt im Tschechischen dieses Weichwerden bis heute. Somit hat unsere Sprache den prähistorischen Hinweis besser behalten, als die deutschen Siedler, die die Stadt benannten). Nun suche hier aber keine Igel, fahr nach Brno – über die Autobahn. Oder wenn du bei Litomyšl geblieben bist, laß dich nach Svitavy treiben. Und denk an Schindler und seine Liste. Der Mann stammt von hier – und macht das Paradoxe des Landes nur noch nachdrücklicher. Ein deutschsprachiger Landsmann leistet Verfolgten Hilfe, die bei den tschechischsprechenden ihresgleichen sucht. Die Landschaft hier ist noch hügelig böhmisch. Mähren aber hat uns schon: Morava, das und die, das Land und der Fluß, tschechisch gleichen sie einander, fahren wir also nach Olomouc / Olmütz, wo wir die Morava / March am schnellsten erreichen. Ein Salut an die »Olle Mütze« ist fällig. Die Stadt liegt so schön in der Landes- und Flußlaufmitte, daß es nur logisch war, daraus Mährens Metropole zu machen. Bis der *Prajzíček Fric* nach Schlesien griff und die Grenze Preußens so nahe rückte, daß das südliche

Brünn plötzlich zentraler ausschaute. Olomouc aber verdankt seinen Namen der Urzeit: *al* und *mud* sind prähistorische Wasserworte. Was sie bedeuten, konnte man verstehen, als vor einem Jahr das Hochwasser seine urzeitlichen Kräfte entfesselte und überall ein *öliger Mod*er lag.

Diese March / Morava, die am Südhang des Glatzer Schneegebirges entspringt, mimt zwar keinen Nil, aber selbstbewußt und zielstrebig ist sie schon. Sie läßt sich von keinem Hexenberg überzeugen, die Richtung zu ändern. Sie sehnt sich förmlich nach Breite und Raum. Wie planmäßig beseitigte sie jede Möglichkeit, einem »Urvater Mähre« das Gefühl zu verschaffen: Allein zu sein, ich und die Hinterbergler. Die Morava ermöglicht dem Morava keine tschechische Selbstüberschätzung. Sie bezwingt alle Widersacher und öffnet jene große Schotterebene da unten, damit das Haus, in dem wir wohnen, eine Tür hat und nicht nur den Dachboden und Hinterhöfe.

O Gott, was für Schlachten haben wir schon auf diesem Marchfeld verloren! Als Markomannen (oder Marchomannen?) quälten wir hier das ruhmreiche Rom jahrzehntelang, bis es uns niederschlug. Als Großmähren verspielten wir hier die Großslowakei. Als Tschechen verrieten wir unseren Großkönig, den Otakar, bei Dürrenkrut, und verziehen dies dem Hause Habsburg nie. (Tja ... hätten wir gewußt, welche Ferdinande hier genetisch freigesetzt werden, hätten wir mutig Tschechentreue bewiesen.) Und dann, als Österreicher, verloren wir bei Aspern und Wagram. Dort ließen wir uns peinlich vorführen – von einem Korsen, dem wir noch zusätzlich eine Superschlacht schenkten, direkt vor der oder, besser, in der bereits erwähnten Tür. Es war aber eine gute Niederlage.

Dorf und Schloß, sie heißen bei uns Slavkov, das breitere Europa kennt sie als Austerlitz.

Mir ist Austerlitz lieber. Ich höre ein *oster* darin, die Bäche und Tümpel der Gegend. Irgendein Osterlo muß es gewesen sein, bevor wir – *ici* (itz) – es bezogen haben. Und mir gefiel natürlich, wie so ein Osterlo mit Waterloo korrespondiert. *Nomen est omen*! Der frischgebackene »Kaiser der Franzosen« hatte sich für die Bodenbeschaffenheit nur militärisch interessiert, er wollte den zwei altbackenen Kaisern einen Schlag versetzen, der ihm zehn weitere Jahre des Regierens garantierte, eine schiere Ewigkeit. Der Anfang der Schlacht bei dichtem und feuchtkaltem Nebel versprach keinen prächtigen Ausgang. Der Franzose war aber mutig und jung, die Truppen bewunderten ihn und vertrauten seinem Genie.

Wir, die Untertanen unseres historischen Kaisers, hockten auf den Hügeln vor Pratze und wähnten uns sicher. Und in der Tat, generalstabsmäßig waren wir im Vorteil, bis die Sonne zu Mittag den Nebel durchbrach, und wir sahen: Unser Reich ist beinahe dahin. Auch der Zar aller Russen, unser Verbündeter, sah sich nach einer Schulter um, an der er sich ausweinen könnte. Sein Megastaat war nicht so schnell hinwegzuraffen, aber lädiert war er schon.

Und auch wir staunten, wir Tschechen und Mähren. Man hat uns zwar zur Ader gelassen, die Lebenden jedoch machten die Augen auf. Sieh da, der Österreicher, der Herr von Gottes Gnaden fährt jetzt in einer schlichten Kutsche, um mit einem, der gestern noch Kadett war und ihn am Lagerfeuer jetzt – umgeben von ähnlich großen kleinen Leuten – empfängt, zu sprechen, Marschall Murat, geboren in einer Gastwirtschaft, Marschall Bernadotte, Sprößling eines kleinen Juristen. Was für eine herrliche Niederlage, wenn solche Proleten den Fürsten, Herzögen und Grafen zu sagen haben, wo es lang geht. Irgendein Bat'a, Trefulka, Kundera, irgendein Vaculík oder Masaryk im Militärrock bemerkten es und dachten im stillen: So gut sind wir auch, laßt uns doch solche Söhne machen!

Sie machten sie bald, sie tauften sie Milan, Tomáš und Jan und sorgten für Generationen von Marschällen der Musik,

Wissenschaft und Literatur, ja, selbst der Politik, ohne die wir auf der Landkarte Europas nur die halbe Miete wert wären. Dieser einmalige Reichtum, der ohne Heilige und Märchenmacher auskommt, dafür aber Menschen mit Mut und Muse hervorbringt, fasziniert immer wieder.

Die Landschaft hier mit Raum und Licht ist unser Fenster nach Europa, das nie zuzumachen war. Es ist die südliche, die sonnige Seite unseres Hauses. In andere Richtungen bauten wir vielleicht ehrgeiziger und protziger und haben dann manche Erker und Türmchen wieder abtragen müssen, an diesem Ort aber bewiesen wir eine glückliche Hand.

Und auch die Morava / March belohnt uns für das Marchfeld und seinen Schotter, indem sie auf den umliegenden sanften Hügeln den Wein wachsen läßt. Den einzigen, roten, den wir anzubieten haben und der mithalten kann. Nur so wird die ganze Philosophie der hiesigen Hymne garantiert.

An diesem südlichen Fenster des Hauses sitzend, ist man sich sofort bewußt, daß es uns gibt, weil es auch andere gab. Und manchmal mischt sich der schmerzliche Gedanke hinein, daß auch wir uns nicht immer so locker und einwandfrei verhielten, wie wir das gerne getan hätten. Mit Blick auf Pohořelice (wörtlich: die Abgebrannten), wo Deutsche begraben liegen – als unsere Opfer. Die Freiheit Anno Domini 1945 fing rachsüchtig an. Kein Wunder, daß sie danach so lange gefesselt war.

Vielleicht sollten wir, bevor wir Tschechien verlassen, einen Abend ganz mährisch verbringen. Am besten auf einem *vinohrad* (Wingert, Weingarten) mit diesem sanften Himmel über uns und den seichten Tälern vor uns. Es riecht nach Rebe, zwitschert und singt eine ruhige Wahrheit. Ich schlage Bzenec vor.

Hier soll die Burg Businec gewesen sein (oh, denkt an Busento in Italien), eine mächtige Festung, die ein Tschechenfürst mit dem typisch tschechischen Namem Uodalrich vor tausend Jahren erstürmte, um diese fruchtbare Einheit zwischen der siegreichen und einer singenden Wahrheit zu schaffen. Sie hatte Bestand, selbst wenn die Hussiten im Namen der ersteren die Burg später geschleift haben. Man könnte behaupten, die singende Wahrheit blieb hier übrig. Es gibt nämlich Lieder, die die »alte Burg« besingen. Viele Geheimnisse sollen sie umgeben, und viele Geschichten werden erzählt, als wären sie gestern geschehen. Die kleine Kapelle, die seit der Barockzeit die große Burg ersetzt hatte, überlebte die letzten Tage des Krieges nicht. Im Gegensatz zu Riesling und Burgunder.

Keller trieb man hier in den harten Sand eines Tertiärsees voller Süßwassermuscheln. Auch ihre fossile Wahrheit kommt immer noch zutage. Dieser Edelschimmel an den Wänden und dem Gewölbe macht förmlich spürbar, hier kriecht man in die Erde zurück. Es hieß einst »Gekroche«, *plž*, mit einem der Zungenbrecherworte, in denen »r« und »l« halbe Vokale sind. Doch mitten im Erdreich ist es nicht kalt, sondern konstant zwölf Grad das ganze Jahr über.

Die Tschechotschechen belächeln die Leute dieser Region als »Glühbbirnendreher«. Denn für uns, die geübten Bierbramarbasierer, ist so ein Zeichen einfach zu couragiert. Die Leute hier aber, ob jung oder alt, treten auf, als hätten sie ständig etwas zu sagen. Der Arm geht hoch über den Kopf, mehr zum Hinterhaupt, die Hand öffnet sich, als pflücke sie eine reife Frucht vom Baum. Und während der Mund die Worte schleudert, bewegt sich der ganze Körper im Rhythmus des Liedes, als wollte er sagen: Esset und schmecket alle, was dieser Baum bringt.

> In Bissenz, in Bissenz
> alle schon wissen's
> da wachsen schöne
> Töchter und Söhne …

Und immer mit der unverblümten Mitteilung: Hier steht einer vor Ihnen, der nicht übelnimmt. Es lohnt sich nämlich nicht.

Setzen Sie sich. Die Bank ist glatt, der Tisch hat Kerben. Ich bin mir sicher, Sie werden, wenn nicht die Art, wie ich Sie durch Tschechien führte, so wenigstens dieses Glas Riesling in Bzenec loben. Die Flaschen tragen die nicht immer verständliche Bezeichnung *archiv*. Sie bedeutet jedoch nichts trocken Bürokratisches, sie feiert nur gute Jahrgänge. Wie eben diesen Riesling 1977.

Es hat mich immer gefreut, daß das Jahr der Charta-Erklärung ein gutes Weinjahr war. Wer hätte damals zu sagen gewagt: In diesem Keller wird bald ein »Herzog« sitzen, Präsident der Deutschen?

Dichter aber gab es in Weinkellern immer. Wie etwa Jan Skácel, den Lyriker aus Brünn, dessen Gedichte Reiner Kunze so meisterhaft ins Deutsche übertrug. Damals – 1977 – noch am Leben, pflegte Skácel am Tisch über die mährische Hymne zu scherzen. Sie sei die Pause, behauptete er, zwischen den tschechischen und slowakischen Hymnenteilen der alten Föderation. Zwischen dem Tyl-Lied und den »Blitzen über der Tatra«. In dem kämpferischen Gesang der Slowaken versprachen die himmlischen Zeichen Wiedergeburt des Volkes. Zwei, drei Sekunden lang, bevor das tschechische Heimweh abgeklungen war und das slowakische Unwetter begann, erstreckte sich ein mährischer Miniraum zum Nachdenken.

Heute, wenn wir wissen, wo zumindest Tschechien liegt und die Tatrablitze ganz selbständig toben, ist Skácels Gedanke nicht weniger reizend. Ich höre die Pause noch immer – als Freiraum für viele verwandte Lieder eines Europas, in dem die Wahrheit nicht mehr siegen muß, da sie singt ...

Der Tag ist sonnig, ich fahre nach Wien ... mit einer tschechischen Botschaft. Es ist mir irgendwie passiert, sie überbringen zu dürfen. Tschechien hat ein Palais in der Nähe von Schönbrunn. Mich hatte die Tschechoslowakei vor zwanzig Jahren ausgebürgert. Ich war kurz bei Pavel Kohout (ausgebürgert nach Wien zwei Jahre zuvor) … er wollte mir die Stadt zeigen, auch das Schloß mit der Gloriette und den Park hier; als wir zurückkehrten sagte Pavels Frau zu mir: »Kuck mal, da links hinter den Bäumen, da arbeiten die Sičáci (die Zischer – was im Tschechischen ›Schufte‹ bedeutet), die uns expatriieren«. Ich schaute flüchtig in den Garten hinein, konnte nichts entziffern.

Jetzt öffnet sich die Tür des Palais ohne Zischen. »Herr Botschafter«, sagt jemand zu mir, »Ihre Post ist schon da.« Ein Haufen Briefe, Postkarten und ein Kinderschreiben: Komme Dich besuchen … mein Enkelsohn meldete sich an. Er heißt Adam, wie der Anfang aller Dinge. Und er heißt Jabůrek, zum Zeichen unserer Unverwüstlichkeit.

Prag, Bonn, Wien
Juni 1998

Anmerkung zur überarbeiteten Neuausgabe:

Lieber Tschechenforscher,
in Wien habe ich zuletzt fünf Jahre verbracht und uns, die Tschechen, aus Wiener Perspektive gesehen, die zwar ebenfalls unsere, aber auch eine etwas andere ist. Aus dieser Zeit stammen die vier neuen Kapitel, die ich dem Buch hinzugefügt habe: »Nelahozeves und seine Nixe«, »Ein Martinú aus Polička«, »Anti-Schwejk oder der Tscheche aus Deutschbrod« und »Eine Stadt namens B.«

Wien
August 2003

PIPER

Monika Czernin
Gebrauchsanweisung für Wien

191 Seiten. Gebunden

Eine Melange trinken, wo Joseph Roth den »Radetzky-
marsch« verfaßte; sich im Dreivierteltakt um die eigene
Achse drehen, wo die Hautevolee auf rauschende Bälle geht.
Hier hat Adolf Loos mit seiner Architektur Skandale aus-
gelöst, hier gehört heftiges Debattieren immer noch zum Alltag wie der weiße G'spritzte zum Tafelspitz. Wien – eine
Stadt zwischen Nostalgie und Moderne. Monika Czernin,
selbst aus einer alten österreichischen Familie, weiß, was
den Wiener heute umtreibt, warum Oberkellner respektierte
Persönlichkeiten sind, Obdachlose standesbewußt und
fesche Ministersekretäre immer Karriere machen. Hier erfahren Sie, was der »Schmäh« wirklich ist, warum man
»Sackerl« und nicht Plastiktüte sagen sollte und wieso Wien
heute der absolute Geheimtip ist.

01/1283/01/R

PIPER

Edmund White
Gebrauchsanweisung für Paris

Aus dem Amerikanischen von Heinz Vrchota. 187 Seiten.
Gebunden

Von Montparnasse bis zum Montmartre, vom Triumphbogen
bis zur Bastille lädt Edmund White den Leser zu einem Spaziergang durch elegante Parks, über lebhafte Boulevards und
in versteckte Museen jenseits der großen Touristenattrak-
tionen ein. Er führt uns an die Gräber der berühmten Könige
Frankreichs und in das geheimnisumwitterte Hôtel de Lau-
zun auf der Île St Louis, wo der junge Baudelaire ein- und
ausging. White folgt dabei den Spuren der großen Pariser
Flaneure wie Balzac, Hemingway und Rilke und schreibt
sowohl über die Bohème von gestern wie auch über das
dynamische Lebensgefühl einer multikulturellen Gesellschaft
von heute.
Edmund Whites Impressionen zeigen die unbekannten Seiten
einer Stadt, die jeder von uns zu kennen glaubt. Der elegante Stil des amerikanischen Romanciers machen diese
Gebrauchsanweisung zu einer faszinierenden literarischen
Annäherung an Paris.

01/1262/01/L.

PIPER

Maxim Gorski

Gebrauchsanweisung für Deutschland

173 Seiten mit 11 Zeichnungen von Heinz Birg. Gebunden

Dieses Buch benötigt jeder, egal ob ihm Deutschland als Reiseziel, Heimat oder als Phänomen begegnet, denn Maxim Gorski kennt Deutschland wie kaum ein anderer. Der östliche wie der westliche Teil sind ihm wohlvertraut, und all die Abgründe, die sich dem Fremden wie dem Eingeborenen in diesem Land auftun, weiß er mit Ironie und Feingefühl auszuloten.

Er gibt Überlebenstips für die berühmten Autobahnen und geht der Frage nach der sprichwörtlichen Gemütlichkeit ebenso nach wie den Labyrinthen der deutschen Kochkunst zwischen Jägerschnitzel, Toast Hawaii und der legendär gewordenen »Sättigungsbeilage« der Original-DDR-Speisekarte.

Noch nie zuvor wurde das urgemütliche Inferno zwischen Saumagen und Sinnsuche, zwischen Autobahn und Ahnentreue genauer, liebenswürdiger und hinterhältiger beschrieben.

01/1290/01/R